Jetzt registrieren

besser lernen

Mit Pearson MyLab zu mehr Lernerfolg

Die interaktive eLearning-Plattform Pearson MyLab erweitert unsere Lehrbücher um die digitale Welt. Selbst komplexe Inhalte werden so anschaulicher und leichter verständlich. Über die Theorie hinaus können Sie das Erlernte praktisch anwenden und unmittelbar erleben.

Lernen wo und wann immer Sie wollen

mit Ihrem persönlichen Lehrbuch als kommentierbaren eText.

Prüfungen effizient vorbereiten

mit vielzähligen Übungsaufgaben inklusive Lösungshinweisen und sofortigem Feedback.

Komplexe Inhalte leichter verstehen

dank interaktiver Zusätze wie z.B. Videos, interaktive Grafiken o.ä.

Sie sind Dozent*in

und möchten Zugang zu exklusiven Dozent*innenmaterialien bzw. MyLab in Ihrem Kurs einsetzen? Wenden Sie sich bitte an Ihren Dozentenberater und fordern Sie Ihren persönlichen Zugang an.
https://www.pearson.de/studium/dozierende/

Zugangscode

Nutzungsdauer 24 Monate

CG88GVX2

Zugangscode einlösbar bis 30.09.2026

https://pearson.de/mylab/bash

Grundlagen und Praxis der Bash- und C-Programmierung in Unix/Linux

Ein Arbeits- und Übungsbuch

Roumiana Antonova
Vassilena Slaveva
Tihomira Slavova

Bibliografische Information der Deutschen Nationalbibliothek

Die Deutsche Nationalbibliothek verzeichnet diese Publikation in der Deutschen Nationalbibliografie; detaillierte bibliografische Daten sind im Internet über *http://dnb.dnb.de* abrufbar.

Der Umwelt zuliebe verzichten wir auf Einschweißfolie.

10 9 8 7 6 5 4 3 2 1

26 25 24 23 22

ISBN 978-3-86894-425-9 (Buch)
ISBN 978-3-86326-322-5 (E-Book)

MyLab-Zugangscode einlösbar bis 30.09.2026

St.-Martin-Straße 82, D-81541 München

www.pearson.de
A part of Pearson plc worldwide

Programmleitung: Birger Peil, bpeil@pearson.de
Übersetzung: Petra Alm
Sprachkorrektorat: Katharina Pieper
Coverabbildung: © wrightstudio, 123RF
Satz: Micaela Krieger-Hauwede
Druck und Verarbeitung: Drukkerij Wilco, Amersfoort

Printed in the Netherlands

Inhaltsverzeichnis

Ziel dieses Buchs

Dieses Buch soll den Leser in die Grundlagen von Theorie und Praxis eines Unix/Linux-Betriebssystems einführen. Es konzentriert sich dabei auf den ersten und dritten Abschnitt der Manpages und möchte angehenden Programmierern von Unix/Linux-Anwendungen alle dafür notwendigen Kenntnisse vermitteln.

Dieses Buch enthält zum größten Teil Übungen mit verschiedenen Systembefehlen. Diese Übungen machen den Leser mit der allgemeinen Funktionsweise des Unix/Linux-Systems und mit seinem Terminal vertraut. Die letzten Kapitel sind den Funktionen der C-Bibliothek und dem Arbeiten mit Dateien und Prozessen gewidmet.

Tutor | Bash- und C-Programmierung in Unix/Linux – Learn a little...do a little

Ebenfalls enthalten, wie im Klassiker Giancoli Physik, ist die Umsetzung des bei Studierenden bewährten didaktischen Konzepts der digitalen Arbeitsblätter *Learn a little...do a little*. Hier werden mit Ihnen im zum Buch gehörigen **Tutor | Bash- und C-Programmierung in Unix/Linux** interaktive Skript-Aufgaben mit Lösungshinweisen durchgearbeitet. Sie können diese Aufgaben solange üben und mit neuen Anordnungen wiederholen, bis es wirklich sitzt. Knapp **200 Aufgaben** unterschiedlicher Schwierigkeitsgrade helfen Ihnen dabei, sich am Verständnis des Bash-Scripting zu erfreuen.

Zugangscode vorne im Buch

Das *Gradebook* in **Tutor | Bash- und C-Programmierung in Unix/Linux** gibt Ihnen eine Übersicht der Aufgaben, die sie absolviert haben, sodass Sie stets das Gelernte im Überblick haben. Eine detaillierte Anleitung finden Sie auf der Startseite zum **Tutor | Bash- und C-Programmierung in Unix/Linux**.

Tutor | Bash- und C-Programmierung in Unix/Linux – Learning to go

In **Tutor | Bash- und C-Programmierung in Unix/Linux** kann Mensch sich mit jedem Browser einloggen, der JavaScript aktiviert hat. Wir empfehlen ein Laptop oder Tablet. Zusätzlich können Sie das Lehrbuch als E-Book zum Lesen überall mitnehmen.

Nutzen Sie diese einzigartige Möglichkeit zur Wiederholung des Stoffs und zur (Klausur-) Vorbereitung. Lernen Sie damit im Team, an der Uni oder im Rahmen des Selbststudiums. Fordern Sie bei Fragen die Unterstützung der Tutoren ein, sie helfen Ihnen gern. Lassen Sie sich nicht durch kleine Rückschläge entmutigen, sondern bleiben Sie dran. Dafür haben wir den **Tutor | Bash- und C-Programmierung in Unix/Linux** entwickelt, der Ihnen in kleinen *Learn a little...do a little*-Schritten zur Seite steht.

Bei technischen Fragen zum **Tutor | Bash- und C-Programmierung in Unix/Linux** können Sie sich jederzeit an unseren Support wenden.

Wir wünschen Ihnen viel Erfolg.

Ihr Pearson Team

Danksagung

Wir möchten uns bei den folgenden Personen bedanken, die dieses Buch möglich gemacht haben:

- Christina Zasheva und Sabina Bocheva, Assistenzprofessorinnen der Universität »St. Kliment Ohridski« in Sofia, für ihre Anregungen zu den Hauptthemen und zum Aufbau des Buches.
- Atanas Dobrev, Barzana Panajotova, Iliana Petrova, Jordan Babukov, Mincho Gaydarov, Svetozar Ilkov und Yavor Mihaylov, die mit uns als wissenschaftliche Assistenten an der Universität »St. Kliment Ohridski« in Sofia gearbeitet haben und deren Unterrichtserfahrungen mit Studenten zahlreiche Ideen zu vielen Übungen der einzelnen Kapitel geliefert haben.

Roumiana Hristova Antinova, Vassilena Iordanova Slaveva, Tihomira Encheva Slavova

besser lernen
mit Pearson MyLab

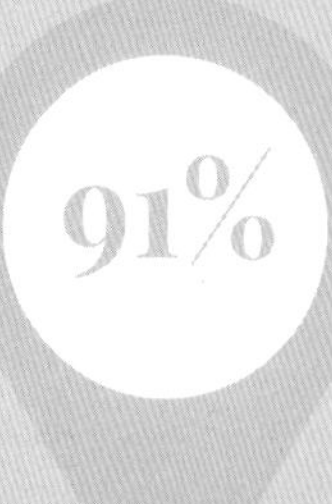

mehr als
11 Mio.
Studenten weltweit
lernen besser mit Pearson MyLab

der MyLab-Nutzer verstehen den Lernstoff besser,

fühlen sich besser auf Prüfungen vorbereitet,

finden Pearson MyLabs leicht zu bedienen.

Wecken Sie das Potenzial, das in Ihnen steckt!

Registrieren Sie sich jetzt kostenfrei und nutzen Sie alle Vorteile Ihres Pearson MyLabs!

Ihren Zugangscode sowie alle Infos zur Registrierung finden Sie vorne in diesem Buch.

Einführung

ÜBERBLICK

1

» Dieses Kapitel stellt die Betriebssysteme Unix und Linux vor und gibt einen kurzen Überblick über die Geschichte von Unix und dessen Weiterentwicklung zu Linux. Es beschreibt auch die allgemeine Struktur der Dokumentation von Unix-Betriebssystemen und hebt hervor, auf welche Teile davon sich dieses Buch konzentriert. «

1.1. Was ist Unix?

Menschen nutzen in ihrem Alltag häufig Unix-basierte Betriebssysteme (kurz OS für *Operating System*), ohne es zu merken. Zu den Geräten mit solchen Betriebssystemen gehören Telefone, Router, Spielekonsolen, Smart-TV-Betriebssysteme usw.

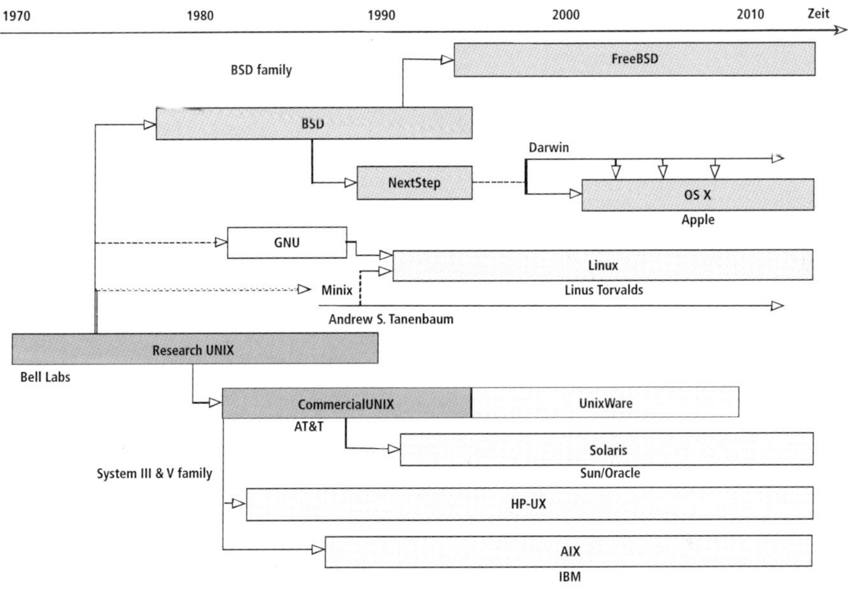

Abbildung 1.1 Linux – ein geschichtlicher Abriss

Einfach ausgedrückt ist Unix ein Multitasking- und Multiuser-Computerbetriebssystem, das in den späten 1960er Jahren im Forschungszentrum Bell Labs entwickelt wurde. Unix bietet eine Reihe von kleinen, modularen Hilfsprogrammen, die zur Lösung komplexerer Aufgaben kombiniert werden können. Während seiner Entwicklung verzweigte sich Unix grob in zwei Betriebssystemfamilien – BSD und System V (▶ Abbildung 1.1) [11, 7].

Im Allgemeinen interagieren Benutzer mit einem Unix-System über ein Terminal – eine textbasierte Schnittstelle zum System, auch bekannt als Kommando- oder Befehlszeile. Der Benutzer kann Befehle eintippen und erhält dann im Terminal eine Rückmeldung. Die Befehle werden von der Shell interpretiert, die gleichzeitig Kommandozeileninterpreter und Sprache ist. Die beliebteste Shell ist Bash.

1.2. Und was ist Linux?

Linux ist ein unixoides Computerbetriebssystem. Genau wie die Systeme der BSD-Familie ist Linux quelloffen [8]. Die Leistungsfähigkeit von Linux basiert auf dem Linux-Kernel, entwickelt von Linus Torvalds [8]. Der Kernel ist das zentrale Computerprogramm, auf das das Betriebssystem des Computers aufsetzt. Er übersetzt Anfragen von Software in Anweisungen, die die CPU versteht, verwaltet den Speicher und kommuniziert mit Peripheriegeräten wie Druckern, Lautsprechern usw.

1.3. Manual Pages – die Dokumentation

Nahezu alles, was man über das Unix-Betriebssystem erfahren kann, ist in seiner Dokumentation, den sogenannten »Manual Pages« oder kurz »Manpages« [14] beschrieben. In der Regel bestehen diese Manpages aus acht Abschnitten (die bei den meisten Unix-Systemen gleich sind) und mehreren mit Buchstaben versehenen Anhängen (die sich je nach verwendetem Unix-System unterscheiden).

Die wichtigsten Informationen finden Sie in den ersten drei Abschnitten der Manpages:

- Der erste Abschnitt enthält detaillierte Informationen über die allgemeinen Befehle des Systems, d. h. über Programme und Anwendungen, die für den durchschnittlichen Benutzer nützlich sind. Sie finden in diesem Abschnitt eine Vielzahl von Benutzerbefehlen und Tools.
- Abschnitt zwei erklärt die für das Betriebssystem verfügbaren Systemaufrufe, mit denen Computerprogramme Dienste vom Kernel anfordern. Diese Systemaufrufe werden nicht direkt aufgerufen, sondern über eine C-Bibliothek, die als API verwendet wird.
- Abschnitt drei enthält Informationen über die Bibliotheken (Unterprogramme) des Systems, einschließlich der oben erwähnten C-Bibliothek. Zu fast jedem Systemaufruf gibt es eine C-Wrapper-Funktion für den Aufruf in C-Programmen.

Zusammenfassung

- ✓ Unix ist ein Multitasking- und Multiuser-Betriebssystem, das in den späten 1960er Jahren im Bell-Labs-Forschungszentrum entwickelt wurde.
- ✓ Im Allgemeinen interagiert der Benutzer mit einem Unix-System über sein Terminal – eine textbasierte Schnittstelle zum System, auch bekannt als Kommando- bzw. Befehlszeile.
- ✓ Die Befehle werden von der Shell interpretiert, die Kommandozeileninterpreter und Sprache in einem ist.
- ✓ Linux ist ein unixoides Betriebssystem.
- ✓ Der Kernel bildet den Systemkern, auf den das Linux-Betriebssystem aufbaut.
- ✓ Nahezu alles über das Unix-Betriebssystem kann man in seiner Dokumentation – den »Manual Pages«, auch »Manpages« genannt – nachlesen.
- ✓ Der erste Abschnitt der Manpages enthält detaillierte Informationen zu den allgemeinen Befehlen des Systems.
- ✓ Der zweite Teil der Manpages erklärt die für das Betriebssystem zur Verfügung stehenden Systemaufrufe, mit denen Computerprogramme Dienste vom Kernel anfordern.
- ✓ Der dritte Teil der Manpages liefert Informationen über die Bibliotheken (Unterprogramme) des Systems.

Unix/Linux-Dateisystem

2

ÜBERBLICK

» Dieses Kapitel gibt einen Überblick über das Unix/Linux-Dateisystem, einschließlich der Definition der verschiedenen im System verwendeten Dateitypen. Außerdem geht es auf das Thema Partitionen ein, stellt die Standardhierarchie des Linux-Dateisystems vor und beschreibt den Inhalt einiger der gängigsten Verzeichnisse. «

Ein Dateisystem ist eine Methode zum Speichern und Organisieren beliebiger Datensammlungen in einer benutzerfreundlichen Struktur.

Eine einfache Beschreibung des Unix-Systems, die auch auf Linux anwendbar ist, lautet:

> **»Auf einem Unix-System ist alles eine Datei; und wenn es keine Datei ist, ist es ein Prozess.«[1] [5]**

Die verschiedenen Dateitypen sind [5]:

- Regulär: Textdatei, Binärdatei, Bilddatei etc.
- Verzeichnis: Binärdatei, die eine Liste von anderen Dateien enthält
- Gerät (Spezial): Datei, die ein Gerät repräsentiert
- Link: Datei, die ein Verweis auf eine andere Datei ist
- (Domain-)Socket: Datei, die für die Kommunikation zwischen Prozessen verwendet wird, ähnlich wie TCP/IP-Sockets
- Benannte Pipe: Datei, die es Prozessen ermöglicht, ohne die Semantik von Netzwerk-Sockets zu kommunizieren

2.1. Partitionen und Dateisysteme

Eine Partition ist ein logischer Teil der Festplatte, während ein Dateisystem eine Methode zum Speichern/Suchen von Dateien auf einer Festplatte ist (normalerweise in einer Partition). Zur Veranschaulichung könnte man sich Dateisysteme als Stammbäume vorstellen, die die Nachkommen einer Familie und deren Beziehungen abbilden, während Partitionen jeweils verschiedene Familien repräsentieren (die jeweils ihren eigenen Stammbaum haben).

2.2. Filesystem Hierarchy Standard (FHS)

Das Linux-Dateisystem wird üblicherweise als Baumstruktur ausgedrückt (► Abbildung 2.1).

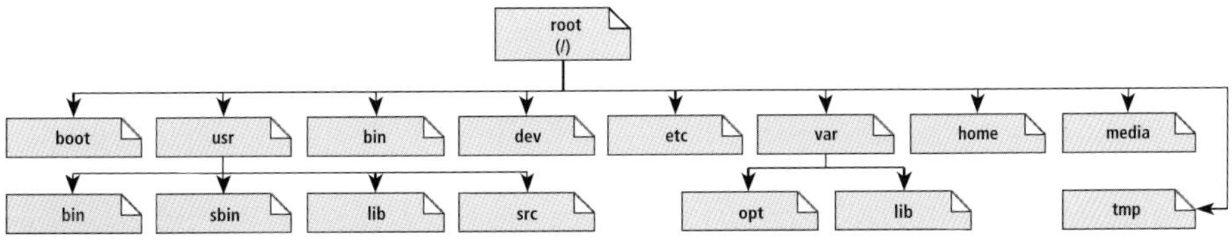

Abbildung 2.1 Linux-Dateisystem

1 Anm. d. Übers.: Der Begriff *everything is a file* wird auch im Deutschen als Beschreibung von Unix-Systemen verwendet.

Linux-Systeme speichern ihre wichtigen Dateien in einem Standardlayout, dem sogenannten Filesystem Hierarchy Standard (FHS). Dieser Standard stellt sicher, dass Benutzer zwischen Distributionen wechseln können, ohne neu lernen zu müssen, wie das System organisiert ist. Eine Distribution ist eine Variante eines Linux-Systems.

Linux verwendet den Schrägstrich / als Trennzeichen in seinen Pfadangaben (im Gegensatz zu Windows, das den Backslash \ verwendet). Außerdem kennt Linux keine Laufwerksbuchstaben. Neue Laufwerke werden als Verzeichnisse in dem Dateisystem angelegt, oft unter */media* (eine CD-ROM mit der Bezeichnung *FEDORA* wäre also z. B. unter */media/FEDORA* und eine Datei *README.txt* auf dieser CD-ROM unter */media/FEDORA/README.txt* zu finden).

Einige der am häufigsten verwendeten Verzeichnisse sind [5]:

/ – Das Root-Verzeichnis. Dieses Verzeichnis bildet die Wurzel des Dateisystems und enthält alles andere.

/boot – Wichtiges Verzeichnis, das die Startdateien und den Kernel enthält.

/bin – Verzeichnis der ausführbaren Binärdateien. In diesem Verzeichnis befinden sich die ausführbaren Dateien der Befehle, die wir normalerweise zum Interagieren mit der Shell benötigen. Auf dieses Verzeichnis können alle Systembenutzer zugreifen, um Dateien auszuführen. Im Dateisystem gibt es weitere *bin*-Unterverzeichnisse, die ausführbare Binärdateien für unterschiedliche Zwecke enthalten.

/usr – Verzeichnis, das Binärdateien, Bibliotheken, Dokumentation und Quellcode für Secondlevel-Programme enthält. Dieses Verzeichnis hat mehrere Unterverzeichnisse mit nützlichen Dateien. Zum Beispiel enthält */usr/bin* Binärdateien für Benutzerprogramme, */usr/sbin* enthält Binärdateien für Systemadministratoren, */usr/lib* enthält Bibliotheken für */usr/bin* und */usr/sbin*; */usr/src* enthält Benutzerprogramme, die aus Quellcode installiert werden.

/dev – Verzeichnis für Gerätedateien. Das sind alle Geräte, die an das System angeschlossen sind: USB, Terminals, Drucker usw.

/etc – Verzeichnis für Konfigurationsdateien, die von allen Programmen benötigt werden. Eine Konfigurationsdatei dient der Steuerung eines Programmablaufs und sollte nicht ausführbar sein.

/var – Verzeichnis für Systemprotokolldateien, Cache-Verzeichnisse, Mail- und Drucker-Spool-Verzeichnisse sowie andere Dateien, in die das System regelmäßig Daten schreibt.

/home – Verzeichnis, das die Homeverzeichnisse aller Benutzer enthält, um darin ihre persönlichen Dateien zu speichern.

/tmp – Verzeichnis, in das verschiedene Programme temporäre Dateien speichern. Es wird normalerweise beim Neustart des Systems gelöscht.

Bei der Installation einer Linux-Distribution ist es sinnvoll, bestimmte Verzeichnisse in eigenen, separaten Partitionen abzulegen, um die wichtigsten Daten zu schützen [5] und den zunehmenden Umfang bestimmter Verzeichnisse (z. B. */usr*, */var*, */home*, */tmp*) zu begrenzen. Andernfalls können die Benutzerdaten den gesamten Plattenspeicher belegen, was dazu führt, dass sich das System irgendwann aufhängt.

Zusammenfassung

- ✓ Dateisysteme speichern und organisieren Sammlungen von Daten in einer benutzerfreundlichen Form.
- ✓ Alles in Unix ist eine Datei. Wenn es keine Datei ist, ist es ein Prozess.
- ✓ Verschiedene Dateitypen: regulär, Verzeichnis, Laufwerk, Link, Socket, benannte Pipe.
- ✓ Das Linux-Dateisystem wird normalerweise in einer Baumstruktur ausgedrückt.
- ✓ Eine Partition ist ein logischer Teil der Festplatte, die einen Dateisystembaum speichert.
- ✓ Alle Dateien in einem Linux-Dateisystem sind Teil eines Root-Verzeichnisses.
- ✓ Es gibt jeweils verschiedene Verzeichnisse für Startdateien, ausführbare Binärdateien, Bibliotheken, Laufwerksdateien und mehr.
- ✓ Jeder Benutzer hat sein eigenes Verzeichnis.

Übungen zu Kapitel 2

1. Nennen Sie so viele Linux-Dateitypen, wie Ihnen einfallen.
2. Wie und wo werden Laufwerke auf einem Linux-Rechner gespeicher?
3. Wofür wird das Verzeichnis */bin* verwendet?
4. Wofür wird das Verzeichnis */usr* verwendet?
5. Wofür wird das Verzeichnis */dev* verwendet?
6. Wofür wird das Verzeichnis */etc* verwendet?
7. Wofür wird das Verzeichnis */var* verwendet?
8. Wofür wird das Verzeichnis */home* verwendet?
9. Wofür wird das Verzeichnis */tmp* verwendet?

Versteckte Dateien und Systemdateien, UID und GID

3

ÜBERBLICK

» In diesem Kapitel erfahren Sie, was eine versteckte Datei ist und wie man auf sie zugreift bzw. sie versteckt. Sie lernen Beispiele für wichtige versteckte Dateien und Systemdateien in Linux kennen und lernen, welchen Zweck sie erfüllen. Außerdem wird das Konzept der Benutzer- und Gruppenkennwörter (UID und GID) erklärt, in welcher Beziehung diese zueinander stehen und was das mit Dateien zu tun hat. «

3.1. Versteckte Dateien

Eine versteckte Datei ist eine Datei, die standardmäßig nicht zu sehen ist, wenn der Inhalt eines Verzeichnisses angezeigt wird. Das Ausblenden einer Datei bedeutet nicht, dass sie nicht von einem Benutzer geändert werden kann. Es verhindert nur die Auflistung von Dateien, die der Benutzer nur selten ändern muss. Normalerweise beginnen diese Dateien mit einem Punkt (.) [14].

Beispiele für solche Dateien sind *.bash_profile* und *.bashrc*, die sich normalerweise im Homeverzeichnis des Benutzers befinden. *.bash_profile* wird verwendet, um benutzerdefiniertes Verhalten hinzuzufügen, wenn sich der Benutzer anmeldet [5], während *.bashrc* verwendet wird, um benutzerdefiniertes Verhalten hinzuzufügen, wenn der Benutzer eine neue interaktive Shell startet [14]. Genauere Informationen zum Aufruf der Bash-Shell entnehmen Sie bitte den Manpages des Systems.

3.2. Systemdateien

Einige wichtige Systemdateien, die im gesamten Buch für Beispiele und Übungen verwendet werden, sind [5]:

/etc/passwd – eine textbasierte Datenbank mit Informationen über Benutzer, die sich am System anmelden dürfen.

/etc/services – eine textbasierte Datenbank mit Informationen über Dienste, die Client-Anwendungen nutzen können. Gespeichert wird der Name des Dienstes, seine Portnummer, das verwendete Protokoll, Anwendungsaliase und nützliche Kommentare.

/etc/hosts – eine textbasierte Datenbank mit Zuordnungsinformationen von IP-Adressen, Hostnamen und Aliasen.

/dev/null – eine Gerätedatei, die alle in sie geschriebenen Daten verwirft, aber meldet, dass der Schreibvorgang erfolgreich war.

3.3. UID und GID

Alle Benutzer und ihre jeweiligen Gruppen sind in der Datei */etc/group* aufgeführt. Jeder Benutzer gehört zu einer Standard- oder Hauptgruppe. Die Verwendung von Gruppen kann vorteilhaft sein, um die Berechtigungen einer größeren Anzahl von Benutzern zu überwachen und steuern.

Jeder Benutzer hat neben seiner eigenen eindeutigen Benutzer-ID (UID), die aus einer positiven ganzen Zahl besteht, noch eine oder mehrere Gruppen-IDs (GID). Die GIDs der Benutzer enthalten immer eine Standard-ID, die mit der UID identisch ist. Diese Nummern werden in den Dateien */etc/passwd* und */etc/group* den Benutzer- und Gruppennamen zugeordnet [5].

Die erste Datei kann zum Beispiel enthalten:

```
george:x:1002:1002:George Metesky:/home/george:/bin/bash
```

und die zweite:

```
george:x:1002
```

wobei *george* der Benutzername des Benutzers ist und *1002* seine UID, die mit seiner Standard-GID übereinstimmt.

Zugriffsrechte auf Dateien können benutzer- und/oder gruppenbasiert vergeben werden.

Es gibt einen Benutzer, der vollen Zugriff auf alles im System hat, und das ist der Benutzer `root` [14]. Andere Betriebssysteme bezeichnen diesen Benutzer oft als Administrator.

Zusammenfassung

- ✓ Eine versteckte Datei ist eine Datei, die standardmäßig nicht aufgeführt wird, wenn der Inhalt eines Verzeichnisses angezeigt wird.
- ✓ Normalerweise beginnen versteckte Dateien mit einem Punkt (`.`).
- ✓ Beispiele für versteckte Dateien sind *.bash_profile* und *.bashrc*.
- ✓ Einige wichtige Systemdateien sind */etc/passwd*, */etc/services*, */etc/hosts*, */dev/null*.
- ✓ Jeder Benutzer gehört zu einer Standard- oder Hauptgruppe.
- ✓ Jeder Benutzer hat eine eigene eindeutige Benutzerkennung (UID), eine positive ganze Zahl, und eine oder mehrere Gruppenkennungen (GID).
- ✓ Zugriffsrechte auf Dateien können benutzer- und/oder gruppenbasiert vergeben werden.
- ✓ Es gibt einen Benutzer `root`, der vollen Zugriff auf alles im System hat.

Übungen zu Kapitel 3

1. Was ist eine versteckte Datei?
2. Kann ein Benutzer eine versteckte Datei ändern?
3. Wofür wird *.bash_profile* verwendet?
4. Wofür wird *.bashrc* verwendet?
5. Nennen Sie die beiden Arten von Kennungen, die jedem Benutzer bei der Erstellung zugewiesen werden.
6. Welchen Zweck haben die Gruppen?
7. Gibt es unter Unix/Linux einen Benutzer mit Vollzugriff auf das System?

Weit verbreitete Befehle

4

ÜBERBLICK

» Dieses Kapitel gibt einen Überblick über einige Befehle, die häufig in Unix/Linux verwendet werden, sowie über einige Regeln zum Ausführen einer Gruppe von Befehlen. «

Der allgemeine Aufbau eines Befehls sieht folgendermaßen aus:

befehl [optionen] [argumente]

wobei *befehl* der Name des Befehls ist, *optionen* null oder mehr Optionen des Befehls und *argumente* null oder mehr Argumente sind.

4.1. Basisbefehle

`exit` – Beendet die Shell-Sitzung.

`date` **[+format]** – Zeigt Systemdatum und -uhrzeit im angegebenen Format an. Wenn *format* weggelassen wird, wird das Standardformat verwendet. Häufig verwendete Elemente des Datumsformats sind:

`%d` – Tag des Monats

`%m` – Monat (z. B. 01 ...12)

`%Y` – Jahr

`%y` – die letzten beiden Ziffern der Jahreszahl (z. B. 00..99)

`%H` – Stunden im 24-Stunden-Format

`%I` – Stunden im 12-Stunden-Format

`%M` – Minuten

`%S` – Sekunden

`echo` **[string]** – Zeigt eine Zeichenkette (*string*) mit Zeilenumbruch am Ende. Häufig verwendete Optionen sind:

`-n` – Der Zeilenumbruch am Ende wird weggelassen.

`-e` – Ermöglicht die Verwendung von Backslash als Escapezeichen. Zum Beispiel:

`\n` – neue Zeile

`\t` – horizontaler Tabulator

`\c` – Unterdrückung des abschließenden Zeilenumbruchs

`man` **[abschnitt] befehl** – Die Manpages sind in Seiten organisiert. Jede Seite beschreibt ein Programm, ein Dienstprogramm oder eine Funktion. Mithilfe des `man`-Befehls können Sie direkt ein Protokoll mit Informationen und Beispielen zu jedem Befehl in der Shell aufrufen. Eine solche Seite kann durch Drücken der Taste `q` geschlossen werden. Der Befehl `man` liefert Definitionen aus allen Abschnitten der Manpages. Da es Befehle, Systemaufrufe und C-Bibliotheksfunktionen mit identischen Namen gibt, sollte beim Ausführen des `man`-Befehls stets ein *abschnitt* angegeben werden, um zu spezifizieren, welche Definition genau angezeigt werden soll [14].

Ein Beispiel: Ausführen einer der Befehlszeilen

```
man exit
```

oder

```
man 1 exit
```

zeigt eine Seite aus dem ersten Abschnitt der Manpages mit Details über den Befehl `exit` an.

Die Befehlszeile

```
man 2 exit
```

zeigt eine Seite aus dem zweiten Abschnitt der Manpages an, die den Systemaufruf `exit` definiert.

Und die Befehlszeile

```
man 3 exit
```

zeigt eine Seite aus dem dritten Abschnitt der Manpages mit Informationen über die C-Funktion *exit* an.

`cc` **c_programm** – C-Compiler. Wenn *c_programm* erfolgreich kompiliert, erzeugt der Compiler standardmäßig im aktuellen Verzeichnis eine ausführbare Ausgabedatei namens *a.out*. Eine häufig verwendete Option ist:

> `-o` **dateiname** – Benennt die Ausgabedatei *dateiname*. Es ist nicht möglich, einen Namen für die Ausgabedatei zu wählen, der identisch mit dem Namen der Quelldatei (*c_programm*) ist, da der `cc`-Befehl die Quelldatei nicht überschreibt.

`which` **befehl** – Zeigt den absoluten Pfad zu *befehl* an.

`sleep` **anzahl[suffix]** – Verzögert um die angegebene Zeitspanne. Als *suffix* kann eines der folgenden Zeichen angegeben werden:

> `s` – für Sekunden, Ausführung schläft Anzahl der Sekunden
>
> `m` – für Minuten, Ausführung schläft Anzahl der Minuten
>
> `h` – für Stunden, Ausführung schläft Anzahl der Stunden
>
> `d` – für Tage, Ausführung schläft Anzahl der Tage

Der Standardsuffix lautet `s` (Sekunden). Der Ruhezustand kann durch Eingabe der Tastenkombination STRG+C beendet werden.

4.2. Befehle für die Arbeit mit Benutzern

`users` – Zeigt die Benutzernamen aller Benutzer an, die im System angemeldet sind.

`who` – Zeigt Informationen über die Benutzer an, die im System angemeldet sind.

`whoami` – Zeigt den Namen des aktuellen Benutzers an.

`finger` **[benutzername ...]** – Zeigt Informationen über die Benutzer im System an. Wenn mehrere Benutzernamen angegeben sind, gibt der Befehl Informationen über alle genannten Benutzer aus.

`write` **benutzername** – Sendet eine Nachricht an einen anderen Benutzer.

Wenn der Befehl `write` ausgeführt wird, erhält der Empfänger die folgende Meldung auf seinem Terminalbildschirm:

```
Message from deinname@deinhost auf deintty um hh:mm ...
```

Jede neu eingegebene Zeile wird auf dem Terminal des angegebenen Benutzers angezeigt. Wenn er antworten möchte, muss er ebenfalls den `write`-Befehl verwenden. Um die Konversation zu beenden, muss die Tastenkombination STRG+D gedrückt werden und der Empfänger erhält eine Nachricht mit dem Text `EOF`. Hierbei handelt es sich um eine Abkürzung, die für »end of file« (Ende der Datei) steht.

`mesg` **[y | n]** –- Zeigt/Setzt die Bereitschaft des aktuellen Benutzers zum Senden und Empfangen von Nachrichten. Die Verwendung von `y` erlaubt die Kommunikation mit anderen Benutzern und `n` verbietet sie.

`passwd` **[benutzername]** –- Ändert das Passwort von *benutzername*. Wenn kein Benutzername angegeben ist, ändert der Befehl das Passwort des aktuellen Benutzers.

4.3. Bedingte Ausführung

In Bash können Befehle mit Steuerungsoperatoren auf verschiedene Arten verknüpft werden. Ein Steuerungsoperator ist ein Operator, der zur Trennung von Befehlen verwendet wird. Einige der Befehlsverkettungsoperatoren sind die logischen Operatoren UND (`&&`) und ODER (`||`). Sie werden verwendet, um UND- und ODER-Listen zu erstellen. Diese Konstrukte verketten Befehle, um sie nacheinander auszuführen.

UND-Liste:

befehl1 `&&` **befehl2 [** `&&` **befehl3 ...]**

befehl2 wird nur ausgeführt, wenn *befehl1* erfolgreich beendet wurde, *befehl3* (falls angegeben) wird nur ausgeführt, wenn *befehl2* erfolgreich beendet wurde, und so weiter [4].

ODER-Liste:

befehl1 `||` **befehl2 [** `||` **befehl3 ...]**

befehl2 wird nur ausgeführt, wenn *befehl1* erfolglos beendet wurde, *befehl3* (falls angegeben) wird nur ausgeführt, wenn *befehl2* erfolglos beendet wurde, und so weiter [4].

Eine weitere interessante Konstruktion ist die Kombination der Operatoren UND und ODER.

befehl1 && **befehl2** || **befehl3**

Wenn *befehl1* erfolgreich ist, wird *befehl2* ausgeführt, ansonsten wird *befehl3* ausgeführt. Das liegt daran, dass && und || die gleiche Priorität haben, aber links-assoziativ sind.

Eine Reihe von Befehlen nacheinander auszuführen, ohne Rücksicht darauf, ob einige davon fehlschlagen oder erfolgreich sind, kann mit dem Semikolon-Operator (;) erreicht werden [4].

Die Syntax lautet folgendermaßen:

befehl1 ; **befehl2** [; **befehl3** ...]

Alle angegebenen Befehle werden nacheinander ausgeführt.

4.4. Gruppieren von Befehlen

Befehle können durch runde oder geschweifte Klammern gruppiert werden. Durch das Setzen einer Liste von Befehlen in runde oder geschweifte Klammern werden die Befehle als Einheit ausgeführt [3].

Die Konstrukte funktionieren wie folgt:

(**liste**)

Wenn Sie die Liste der Befehle in runde Klammern setzen, wird eine Subshell erstellt, in der jeder der Befehle ausgeführt wird [3].

{ **liste**; }

Wenn Sie die Liste der Befehle in geschweifte Klammern setzen, werden die Befehle in der aktuellen Shell ausgeführt, ohne eine Subshell zu erstellen. Das Semikolon (oder der Zeilenumbruch) ist obligatorisch und wird verwendet, um das Ende von *liste* anzuzeigen [3].

Beachten Sie, dass die Leerzeichen zwischen *liste* und den geschweiften Klammern obligatorisch sind, da es sich um reservierte Wörter handelt, während die runden Klammern Operatoren sind [3].

4.5. Befehlssubstitution

Die Befehlssubstitution ersetzt einen Befehl durch seine Ausgabe und kann verschachtelt werden. Es gibt zwei Formen der Befehlssubstitution [3]:

\`**befehl**\`

und

$(**befehl**)

Die Erweiterung erfolgt, indem der Befehl in einer Subshell ausgeführt und durch die Ausgabe des Befehls ersetzt wird [3].

Zusammenfassung

- ✓ Der allgemeine Aufbau eines Befehls ist: **befehl** [**optionen**] [**argumente**].
- ✓ Einige der am häufigsten verwendeten Befehle sind `exit`, `date`, `echo`, `man`, `cc`, `which`, `sleep`.
- ✓ Nützliche Befehle bei der Arbeit mit Benutzern sind `users`, `who`, `whoami`, `write`, `mesg`, `passwd`.
- ✓ In Bash können Befehle auf verschiedene Arten mit Steuerungsoperatoren verkettet werden. Ein Steuerungsoperator dient der Trennung von Befehlen.
- ✓ Einige der Befehlsverkettungsoperatoren sind das logische UND (`&&`) und das logische ODER (`||`).
- ✓ Das logische UND und das logische ODER werden verwendet, um UND-Listen, ODER-Listen oder Kombinationen von beiden zu erstellen.
- ✓ Das Ausführen einer Reihe von Befehlen nacheinander, ohne Rücksicht darauf, ob sie sich erfolgreich ausführen lassen oder fehlschlagen, lässt sich mit dem Semikolon-Operator (`;`) erreichen.
- ✓ Das Einfassen einer Liste von Befehlen in runde oder geschweifte Klammern bewirkt, dass die Befehle als Einheit ausgeführt werden.
- ✓ Die Befehlssubstitution ersetzt einen Befehl durch dessen Ausgabe und erlaubt Verschachtelungen. Es gibt zwei Arten der Befehlssubstitution.

Übungen zu Kapitel 4

1. Schreiben Sie einen Befehl zum Beenden des Terminals.
2. Schreiben Sie einen Befehl zur Ausgabe von Datum und Uhrzeit im Format »Jahr–Monat–Tag Stunden24:Minuten:Sekunden«.
3. Schreiben Sie einen Befehl zur Ausgabe der Systemzeit im 12-Stunden-Format.
4. Schreiben Sie einen Befehl, um das Systemdatum in einem bestimmten Format auszugeben:
   a. »Jahr\Monat\Tag«, z. B. 13\10\28
   b. »Jahr'Monat'Tag«, z. B. 14'11'29
   c. »Jahr/\Monat/\Tag«, z. B. 15/\12/\30
   d. »Jahr\/Monat\/Tag«, z. B. 15\/01\/31
5. Verwenden Sie den Befehl `echo` mit der Option `-n`, um den Satz `Ich arbeite gern mit der Shell` mit einem Zeilenumbruch am Ende auszugeben.
6. Rufen Sie die Manpage für den Befehl `mesg` auf.
7. Wie lautet die Definition des Befehls `whoami` in den Manpages?
8. Schreiben Sie einen Befehl, um den absoluten Pfad zum Befehl `date` anzuzeigen.
9. Schreiben Sie einen Befehl, mit dem die Shell in den Schlafzustand versetzt wird für:
   a. fünf Sekunden
   b. drei Tage
   c. eine Stunde
   d. zwölf Minuten
   e. eineinhalb Stunden
   f. eine Woche
   g. zwei Tage und sechs Stunden
   h. eine Minute und sieben Sekunden
   i. drei Stunden, zwei Minuten und eine Sekunde
   j. einen Tag, zwei Stunden, drei Minuten und vier Sekunden
10. Schreiben Sie zwei verschiedene Befehle, um die im System angemeldeten Benutzer anzuzeigen.
11. Was ist der Unterschied zwischen den Befehlen `users` und `who`?

12. Prüfen Sie, ob das Ergebnis von `whoami` im Ergebnis von `who` enthalten ist.

13. Finden Sie heraus, was der Unterschied in der Ausgabe zu Ihrem Benutzer bei Ausführung von `finger` und `finger` *ihr_benutzername* ist.

14. Verwenden Sie den `who`-Befehl, um nach irgendeinem anderen angemeldeten Benutzer zum Chatten zu suchen, und senden Sie ihm die Nachricht »Lassen Sie uns miteinander chatten«.

15. Schreiben Sie einen Befehl, um die Kommunikation mit anderen Benutzern zu ermöglichen.

16. Schreiben Sie einen Befehl, um zu prüfen, ob Sie mit anderen Benutzern kommunizieren können.

17. Mit welchem Befehl können Sie das Passwort des Benutzers ändern?

18. Führen Sie die folgenden Befehle in einer Zeile aus:

i. `echo` Das Datum lautet   ii. `date`

a. unabhängig voneinander

b. bedingt: ii. soll nur ausgeführt werden, wenn i. erfolgreich war

c. bedingt: ii. soll nur ausgeführt werden, wenn i. fehlgeschlagen ist

19. Welche Befehle aus der Liste werden ausgeführt?

a.
```
which date || echo today && date
```

b.
```
echo users at && date && are && who
```

c.
```
echo users at && date && echo are && who
```

d.
```
echo I am; whoami
```

20. Was ist das Ergebnis der einzelnen Befehlszeilen?

a.
```
date +"%d %m %Y" && date +"%d %m %Y" || echo wrong date
```

b.
```
which finger || date || whoami
```

c.
```
who && which man && date
```

d.
```
echo try to exit || exit || which mesg
```

21. Was ist der Unterschied zwischen dem Gruppieren von Befehlen mit runden und mit geschweiften Klammern?

22. Was ist das Ergebnis der folgenden Befehlsgruppen?

a.
```
(echo does this print; echo two lines)
```

b.
```
(echo today is; date)
```

c.
```
{echo users are; who}
```

d.
```
{ echo users are; who; }
```

23. Gruppieren Sie eine Folge von Befehlen mit runden Klammern und implementieren Sie damit Folgendes:

a. Zeigen Sie den aktuellen Monat und den aktuellen Benutzernamen an und verzögern Sie für 5 Sekunden.

b. Zeigen Sie das aktuelle Jahr, die Benutzernamen aller angemeldeten Benutzer und den Pfad des Befehls `man` an.

c. Zeigen Sie Informationen über die angemeldeten Benutzer an, eine Meldung `Warten Sie 0,5 Minuten` und verzögern Sie für 0,5 Minuten.

24. Gruppieren Sie eine Folge von Befehlen mit geschweiften Klammern und implementieren Sie damit Folgendes:

a. Zeigen Sie eine Meldung `Es ist der`, das Datum ohne Uhrzeit an und verlassen Sie das System.

b. Zeigen Sie Informationen über den Benutzer `root` an, verzögern Sie 1 Minute und kompilieren Sie die C-Datei *programm.c*.

c. Zeigen Sie den Pfad des Befehls `cc` an, verlassen Sie das System und geben Sie die Meldung `Hat das System verlassen` aus.

25. Was ist das Ergebnis nach der Ausführung von folgenden Befehlen?

a.
```
echo Das Datum ist `date`
```

b.
```
echo Die angemeldeten Benutzer sind $(users)
```

Basisbefehle für das Arbeiten mit Dateien und Verzeichnissen

5

ÜBERBLICK

» Dieses Kapitel gibt einen Überblick über einige Basisbefehle für die Arbeit mit Dateien und Verzeichnissen. Sie erfahren, wie man über den Inhalt einer Datei oder eines Verzeichnisses iteriert, Dateien und Verzeichnisse vergleicht und die Eigenschaften von Dateien überprüft. «

5.1. Basisbefehle für das Arbeiten mit Verzeichnissen

`pwd` – Zeigt den absoluten Pfad des aktuellen Arbeitsverzeichnisses an.

`cd` **[verzeichnis]** – Wechselt das Arbeitsverzeichnis zu *verzeichnis*. Wird die Angabe von *verzeichnis* weggelassen, so wird standardmäßig das Homeverzeichnis des aktuellen Benutzers verwendet. Wenn - anstelle von *verzeichnis* verwendet wird, dann wird vom aktuellen Arbeitsverzeichnis zum vorherigen Arbeitsverzeichnis gewechselt.

`mkdir` **verzeichnis ...** – Erstellt *verzeichnis*, falls es noch nicht existiert.

`rmdir` **verzeichnis ...** – Löscht *verzeichnis*, falls es existiert und leer ist.

`ls` **[datei] ...** – Wenn es sich bei *datei* um ein Verzeichnis handelt, zeigt der Befehl Informationen über die darin enthaltenen Dateien an bzw. Informationen über die Datei, wenn es sich bei *datei* um eine Datei handelt. Wenn keine *datei* angegeben ist, wird das Arbeitsverzeichnis verwendet. Das Ergebnis wird alphabetisch sortiert. Häufig verwendete Optionen sind:

`-a`, `--all` – Berücksichtigt auch Dateien und Verzeichnisse, deren Name mit einem Punkt (`.`) beginnt (versteckte Dateien).

`-t` – Sortiert die Dateien und Verzeichnisse nach Änderungszeitpunkt, und zwar von der aktuellsten zur ältesten.

`-l` – Zeigt zusätzliche Informationen an, z. B. den letzten Änderungszeitpunkt der Dateien und der Verzeichnisse. Das erste Zeichen in jeder Zeile der Ausgabe gibt den Typ der dargestellten Datei an (5.1) [5].

Zeichen	Dateityp
-	Reguläre Datei
d	Verzeichnis
c	Zeichenorientierte Gerätedatei
b	Blockorientierte Gerätedatei
s	Lokale Socketdatei
p	Benannte Pipe
l	Symbolische Verknüpfung

Tabelle 5.1. `ls`-Dateitypen

`find` **[verz] ...[ausdruck]** – Sucht in der Baumhierarchie von *verz* und zeigt den Pfad (oder die Pfade) der Datei(en) an, die ein bestimmtes Kriterium erfüllen, das durch *ausdruck* angegeben wird [13]. Ohne Angabe von *verz* wird standardmäßig das aktuelle Arbeitsverzeichnis verwendet. Häufig verwendete Optionen sind:

`-name` **muster** – Findet Dateien, deren Namen *muster* entsprechen. *muster* kann Metazeichen enthalten (siehe Kapitel 6). *muster* sollte nicht den Pfad zur Datei enthalten.

Die korrekte Syntax zum Suchen einer Datei mit Pfad */usr/bin/ls* lautet z. B.:

```
find /usr -name ls
```

Das bedeutet, dass die folgende Verwendung

```
find /usr -name /usr/bin/ls
```

nicht den Dateipfad ausgibt.

`-path` **muster** – Findet Dateien, deren Pfade mit dem angegebenen *muster* übereinstimmen. *muster* kann den Pfad zur Datei enthalten.

Zum Beispiel gibt

```
find /usr -path /usr/bin/ls
```

Folgendes aus: */usr/bin/ls*.

`-type` **t** – Findet Dateien, deren Dateityp mit *t* übereinstimmt. Die möglichen Werte von Parameter *t* sind in ► Tabelle 5.2 aufgeführt [13].

Zeichen	Dateityp
f	Reguläre Datei
d	Verzeichnis
c	Zeichenorientierte Gerätedatei
b	Blockorientierte Gerätedatei
s	Socket
p	Benannte Pipe
l	Symbolische Verknüpfung

Tabelle 5.2. Dateitypen suchen mit `find`

`locate` **muster** – Zeigt Dateipfade an, die *muster* entsprechen.

5.2. Befehle zum Arbeiten mit Dateien

`touch` **datei ...** – Ändert den letzten Änderungszeitpunkt von *datei* auf die aktuelle Zeit. Wenn *datei* nicht existiert, dann wird sie erstellt. Dies ist eine einfache Möglichkeit, eine leere Datei zu erstellen.

`cp` – Kopiert Dateien und Verzeichnisse an einen bestimmten Ort. Es gibt zwei häufig verwendete Fälle:

`cp` **original_datei neue_datei** – Erstellt eine Kopie von *original_datei* mit Namen *neue_datei*.

`cp` **datei ...verzeichnis** – Kopiert eine oder mehrere *datei*-Argumente zu *verzeichnis*.

Häufig verwendete Optionen sind:

`-r, -R, --recursive` – Kopiert Dateien und Verzeichnisse rekursiv.

`-f, --force` – Wenn *neue_datei* nicht geöffnet werden kann, wird sie gelöscht und *neue_datei* wird an dieser Stelle neu erzeugt, sodass der Kopiervorgang fortgesetzt werden kann.

`mv` – Verschiebt Dateien oder benennt sie um. Es gibt zwei häufig verwendete Fälle:

`mv` **original_datei neue_datei** – Benennt *original_datei* in *neue_datei*um.

`mv` **datei ...verzeichnis** – Verschiebt ein oder mehrere *datei*-Argumente nach *verzeichnis*.

Häufig verwendete Optionen sind:

`-f, --force` – Überschreibt *neue_datei* ohne Rückfrage.

`rm` **datei ...** – Löscht eine oder mehrere Dateien. Häufig verwendete Optionen sind:

`--` – Löscht *datei*, wenn ihr Name mit einem Bindestrich (-) beginnt (z. B. *-doc*).

`-r, -R, --recursive` – Löscht Verzeichnisse, einschließlich ihres Inhalts.

`-d, --dir` – Löscht leere Verzeichnisse.

`-f, --force` – Löscht Dateien ohne Rückfrage.

5.3. Befehle zum Anzeigen des Dateiinhalts

`cat` **[datei ...]** – Verkettet den Inhalt aller *datei*-Argumente und zeigt das Ergebnis an. Wenn nur eine Datei angegeben wird, zeigt der Befehl nur deren Inhalt an.

`tac` **[datei ...]** – Verkettet und zeigt den Inhalt aller *datei*-Argumente in umgekehrter Reihenfolge an.

`more` **datei ...** – Zeigt den Inhalt von *datei* seitenweise an. Während der Befehl ausgeführt wird, können Sie durch Eingabe der Zahl n und Drücken der Leertaste die nächsten n Zeilen der Datei anzeigen lassen. Durch Drücken der Leertaste wird standardmäßig die nächste Bildschirmseite angezeigt. Der Befehl funktioniert ähnlich wie die Eingabetaste (Return), die jeweils eine Zeile anzeigt. Wenn der gesamte Inhalt von *datei* angezeigt wurde, ist das Terminal bereit für die Ausführung eines anderen Befehls. STRG+D beendet die Ausführung des Befehls, auch wenn die Datei noch nicht komplett angezeigt wurde.

`less` **datei ...** – Zeigt den Inhalt von *datei* seitenweise an. Im Gegensatz zum `more`-Befehl können Sie sich im Inhalt der Datei vorwärts und rückwärts bewegen. Die Leertaste und die Eingabetaste können ähnlich wie bei `more` verwendet werden. Die Rückwärtsbewegung kann durch Drücken der Tasten `b` und `y` erreicht werden. Standardmäßig blättert `b` um einen Bildschirm/eine Seite zurück und `y` um eine Zeile. Wenn vor dem Drücken von `b` oder `y` eine Zahl (*n*) angegeben wird, dann werden die vorherigen *n* Zeilen angezeigt. Die Ausführung von `less` kann durch Drücken von `q` beendet werden.

`head` **[datei ...]** – Zeigt die ersten zehn Zeilen der angegebenen Dateien an. Häufig verwendete Optionen:

> `-n` **k** – Zeigt die ersten *k* Zeilen an.
>
> **-anzahl** – Zeigt die ersten *anzahl* Zeilen anstelle der ersten zehn an.

`tail` **[datei ...]** – Zeigt die letzten zehn Zeilen der angegebenen Dateien an. Häufig verwendete Optionen sind:

> `-n` **k** – Zeigt die letzten *k* Zeilen an.
>
> **-anzahl** – Zeigt die letzten *anzahl* Zeilen anstelle der letzten zehn an.
>
> `-f` – Wenn die Datei wächst, dann werden die hinzugefügten Zeilen angezeigt. Diese Option wird häufig verwendet, um Protokolldateien einer Anwendung während ihrer Ausführung zu lesen. Wenn `tail` mit der Option `-f` ausgeführt wird, kann der Befehl durch Drücken von STRG+C beendet werden.

`cut` **[datei ...]** – Zeigt einen ausgewählten Teil jeder Zeile in allen *datei*-Argumenten. Der Befehl kann nicht ohne die Angabe von Optionen ausgeführt werden. Häufig verwendete Optionen sind:

> `-c` **k** – Zeigt das *k*-te Zeichen jeder Zeile der Dateien an.
>
> `-c` **k-m** – Zeigt die *k*-ten bis einschließlich *m*-ten Zeichen jeder Zeile der Dateien an. Wird *k* bzw. *m* weggelassen, so wird standardmäßig der Anfang bzw. das Ende der Datei verwendet.
>
> `-d` **c** `-f` **n** – Hierbei ist *c* ein Zeichen, das als Trennzeichen der Felder (Spalten) in jeder Zeile verwendet wird, während *n* angibt, welches Feld angezeigt werden soll.

`sort` **[datei ...]** – Zeigt den Inhalt aller angegebenen Dateien nach Zeilen sortiert an. Häufig verwendete Optionen sind:

> `-r`, `--reverse` – Sortiert alle Zeilen und gibt das Ergebnis in umgekehrter Reihenfolge aus.

`uniq` **[indatei [outdatei]]** – Meldet oder filtert die doppelten benachbarten Zeilen in *indatei* und schreibt in *outdatei*. Der Befehl filtert nur sich wiederholende Zeilen, die benachbart sind. Häufig verwendete Optionen sind:

> `-c`, `--count` – Stellt jeder Ausgabezeile die Anzahl der Vorkommnisse voran.
>
> `-u`, `--unique` – Zeigt nur die Zeilen in *indatei* an, die keine Duplikate haben.

`grep` **muster [datei ...]** – Zeigt alle Zeilen aus den angegebenen Dateien an, die *muster* entsprechen. Der Parameter *muster* ist ein regulärer Ausdruck. Der reguläre Ausdruck kann bestehen aus [9]:

- Zeichen, die keine Sonderzeichen sind, sondern für sich selbst stehen, wie Buchstaben und Ziffern.
- Liste von Zeichen zwischen `[` und `]`. Sucht nach Übereinstimmung mit jedem Zeichen der Liste. Wenn die Liste mit dem Zeichen `^` beginnt, wird nach allen Zeichen gesucht, die nicht mit denen in der Liste übereinstimmen. Beispiele:
  - `[ab]` sucht nach Übereinstimmungen mit dem Zeichen `a` oder `b`.
  - `[a-Z]` sucht nach Übereinstimmungen mit jedem Zeichen von `a` bis `z`, unabhängig von der Groß- und Kleinschreibung.
  - `[sS]` sucht nach Übereinstimmungen mit jedem Buchstaben `s`, unabhängig von der Groß- und Kleinschreibung.
  - `[0-9]` sucht nach Übereinstimmungen mit jeder beliebigen Ziffer von 0 bis 9.
- Die Zeichen ^ und $ entsprechen dem Anfang bzw. dem Ende der Datei.
- \< und \> suchen nach Übereinstimmungen mit dem Anfang bzw. dem Ende eines Wortes.
- `\b` sucht nach Wortgrenze (Anfang oder Ende).
- `\B` sucht nach einer Nichtwortgrenze.
- ? sucht nach dem vorherigen Zeichen ein- oder keinmal.
- * sucht nach dem vorherigen Zeichen keinmal oder mehrmals.
- + sucht nach dem vorherigen Zeichen einmal oder mehrmals.
- **{n}** sucht nach dem vorherigen Zeichen genau *n*-mal.
- **{n,}** sucht nach dem vorherigen Zeichen *n*-mal oder öfter.
- **{n,m}** sucht nach dem vorherigen Zeichen mindestens *n*-, aber nicht mehr als *m*-mal.
- **{,m}** sucht nach dem vorherigen Zeichen *m*-mal oder weniger.
- . sucht nach Übereinstimmung mit genau einem Zeichen.

Häufig verwendete Optionen sind [9]:

`-n, --line-number` – Zeigt die Zeilennummer am Anfang jeder Zeile an.

`-o, --only-matching` – Zeigt nur den übereinstimmenden Teil der Zeile an.

`-q, --quiet` – Zeigt keine Ausgabe an.

`-v, --invert-match` – Zeigt nur die Zeilen an, die nicht mit dem Muster übereinstimmen.

`-w, --word-regexp` – Zeigt nur die Zeilen an, die mit ganzen Wörtern übereinstimmen.

5.4. Dateien und Verzeichnisse vergleichen

`diff` **dateien** – Vergleicht die angegebenen Dateien Zeile für Zeile. *dateien* können zwei Dateien, zwei Verzeichnisse oder eine Datei und ein Verzeichnis sein.

Wenn der Befehl ohne Optionen ausschließlich mit Dateien verwendet wird und die Inhalte der Dateien unterschiedlich sind, zeigt die resultierende Ausgabe die ersten Zeilen, in denen der Unterschied beginnt und worin der Unterschied besteht. Hier ist ein Beispiel:

datei1.txt enthält die folgenden Zeilen:

```
Endlich ist Wochenende.
Ich lese ein Buch.
Ich muss den Abwasch machen.
```

und *datei2.txt* enthält:

```
Endlich ist Wochenende.
Ich lese eine Zeitschrift.
Ich muss die Spuelmaschine anschalten.
```

Dann lautet das Ergebnis des Befehls

```
diff datei1.txt datei2.txt
```

folgendermaßen:

```
2,3c2,3
<Ich lese ein Buch.
<Ich muss den Abwasch machen.
---
>Ich lese eine Zeitschrift.
>Ich muss die Spuelmaschine anschalten.
```

Die erste Zeile der Ausgabe enthält zwei Zahlenmengen, die durch einen Buchstaben getrennt sind. Die erste Zahlenmenge macht Angaben zu den Zeilen in der ersten Datei bzw. die zweite zu den Zeilen in der zweiten Datei. Das Zeichen dazwischen gibt an, welche Aktion auf den genannten Zeilen in der ersten Datei ausgeführt werden soll, um die beiden Dateien anzugleichen: *a* bedeutet »hinzufügen« (*add*), *c* »ändern« (*change*) und *d* »löschen« (*delete*) [14]. Die sich anschließende Ausgabe zeigt die Zeilen aus den beiden Dateien, die unterschiedlich sind. Die Ausgabezeilen, die mit < beginnen, sind Zeilen aus der ersten Datei (im Beispiel *datei1.txt*). Die Ausgabezeilen, die mit > beginnen, sind Zeilen aus der zweiten Datei (im Beispiel *datei2.txt*). Die drei Bindestriche (`---`) trennen die Zeilen der ersten und zweiten Datei.

Wenn der Befehl mit Verzeichnissen als Argumente und ohne Optionen ausgeführt wird, zeigt die Ausgabe, welche Dateien nur in einem der beiden Verzeichnisse vorhanden sind, welche Unterverzeichnisse beiden gemeinsam sind und was der Unterschied zwischen den gleichnamigen Dateien ist.

Wenn der Befehl mit einer Datei und einem Verzeichnis verwendet wird, sucht er im angegebenen Verzeichnis nach einer Datei mit dem gleichen Namen wie das datei-Argument und vergleicht dann die beiden Dateien.

Häufig verwendete Optionen sind:

`-r, --recursive` – Vergleicht rekursiv alle Unterverzeichnisse in *dateien*.

`-q, --brief` – Zeigt die Meldung nur an, wenn die Dateien nicht gleich sind.

`-s, --report-identical-files` – Zeigt eine Meldung an, wenn die beiden Dateien identisch sind.

`-y, --side-by-side` – Zeigt den Inhalt der Dateien in zwei Spalten an und zeigt, welche Zeilen in der ersten Datei hinzugefügt, geändert oder entfernt werden sollen, damit sie mit den entsprechenden Zeilen der zweiten Datei identisch werden.

`-w, --ignore-all-space` – Ignoriert alle Whitespace-Zeichen.

`cmp` **datei1 [datei2]** – Vergleicht zwei Dateien Byte für Byte. Die Ausgabe des Befehls enthält das erste unterschiedliche Byte der beiden Dateien. Eine häufig verwendete Option ist:

`-b, --print-bytes` – Druckt die ersten verschiedenen Bytes.

5.5. Dateieigenschaften

`basename` **datei** – Zeigt den Namen von *datei* an, ohne irgendwelche Pfadangaben. Eine häufig verwendete Option ist:

`-s` **suffix** – Zeigt den Dateinamen ohne Auflistung der Verzeichnisse im Pfad und ohne *suffix* an.

`file` **dateiname ...** – Zeigt an, welche Art von Daten in einer gegebenen Datei (oder Liste von Dateien) enthalten ist. Der Befehl versucht, jede Datei aus der Argumentliste als leere Datei, ausführbare Datei, Textdatei oder Datendatei zu klassifizieren. Textdateien enthalten nur druckbare Zeichen und einige gängige Steuerzeichen. Ausführbare Dateien enthalten kompilierten Quellcode. Datendateien enthalten binäre oder nicht druckbare Daten.

`wc` **[datei ...]** – Zeigt die Anzahl der Zeilen, Wörter, Bytes und den Dateinamen der jeweils angegebenen *datei* an. Wenn mehr als eine Datei angegeben ist, zeigt der Befehl auch in *einer* Zeile die Gesamtsumme der Zeilen, Wörter und Bytes aller Dateien an. Häufig verwendete Optionen sind:

`-c, --bytes` – Zeigt nur die Anzahl der Bytes und den Namen der Datei an.

`-m, --chars` – Zeigt nur die Anzahl der Zeichen und den Namen der Datei an.

`-l, --lines` – Zeigt nur die Anzahl der Zeilen und den Namen der Datei an.

`-w, --words` – Zeigt nur die Anzahl der Wörter und den Namen der Datei an.

Zusammenfassung

- ✓ Einige der häufigsten Befehle für die Arbeit mit Verzeichnissen lauten `pwd`, `cd`, `mkdir`, `ls`, `find` und `locate`.
- ✓ Einige der häufigsten Befehle für die Arbeit mit Dateien sind `touch`, `cp`, `mv` und `rm`.
- ✓ Befehle zum Arbeiten mit dem Inhalt einer oder mehrerer Dateien sind `cat`, `tac`, `more`, `less`, `head`, `tail`, `cut`, `sort`, `uniq` und `grep`.
- ✓ Dateien und Verzeichnisse können mit den Befehlen `diff` und `cmp` verglichen werden.
- ✓ Die häufigsten Befehle zum Anzeigen von Dateieigenschaften sind `basename`, `file` und `wc`.

Übungen zu Kapitel 5

1. Wechseln Sie mit dem Befehl `cd` ohne Argumente in Ihr aktuelles Verzeichnis. Prüfen Sie mit dem Befehl `pwd`, ob sie erfolgreich waren.

2. Wechseln Sie von Ihrem aktuellen Verzeichnis nach */etc*. Kehren Sie zurück zu Ihrem Homeverzeichnis.

3. Wechseln Sie in Ihr Homeverzeichnis. Zeigen Sie die darin enthaltenen Dateien und Verzeichnisse an. Legen Sie ein Verzeichnis mit dem Namen *neuesVerz* an. Wechseln Sie in das neue Verzeichnis. Legen Sie darin zwei Verzeichnisse an: *verz1* und *verz2*. Entfernen Sie *verz1*. Wechseln Sie zu *verz2*. Welches wäre Ihr Arbeitsverzeichnis, wenn Sie den Befehl `cd` mit dem Argument - ausführen?

4. Zeigen Sie die Dateien und Verzeichnisse im Verzeichnis */bin* an.

5. Zeigen Sie die Dateien, einschließlich der versteckten Dateien, sowie die Verzeichnisse in Ihrem Homeverzeichnis an, und zwar geordnet nach dem Datum der letzten Änderung. Prüfen Sie, ob das Ergebnis korrekt angezeigt wird.

6. Erzeugen Sie ein neues Verzeichnis. Legen Sie in diesem Verzeichnis *n* Dateien an, wobei *n* die Anzahl der Buchstaben in Ihrem Namen ist. Jeder Dateiname sollte mit einem der Buchstaben übereinstimmen. Wenn Ihr Name einen Buchstaben mehrmals enthält, sollte der Dateiname mit diesem Buchstaben auf einen Punkt enden. Die Anzahl der abschließenden Punkte im Dateinamen sollte der Anzahl entsprechen, wie oft der Buchstabe in Ihrem Namen vorkommt. Wenn Ihr Name z. B. Maria ist, sollten die Dateinamen lauten: *a.*, *a..*, *i*, *m*, *r*. Ändern Sie das letzte Änderungsdatum der Dateien so, dass der Befehl `ls -t` zuerst Ihren Namen ausgibt.

7. Suchen Sie alle Dateien im aktuellen Arbeitsverzeichnis mit dem Namen *timesheet.xml*.

8. Suchen Sie im Verzeichnis */home* alle Dateien mit dem Namen *timesheet.xml*.

9. Suchen Sie mit dem Befehl `find` und seiner Option `-path` alle Dateien im aktuellen Arbeitsverzeichnis mit dem Namen *timesheet.xml*.

10. Suchen Sie im Verzeichnis */etc* alle regulären Dateien mit Namen *passwd*.

11. Suchen Sie unter dem Verzeichnis */usr* alle Verzeichnisse namens *bin*.

12. Suchen Sie alle Dateien, deren Pfade *bin* enthalten.

13. Suchen Sie alle Dateien, deren Pfade *passwd* enthalten.

14. Erstellen Sie ein neues Verzeichnis namens *meinVerz*. Wechseln Sie in das Arbeitsverzeichnis *meinVerz* und legen Sie darin mit dem Befehl `touch` eine Datei an. Der Name der Datei sollte *doc* lauten. Erstellen Sie zum Schluss nur mit dem Befehl `cp` vier neue Dateien mit den Namen *doc1*, *doc2*, *doc3* und *doc4*.

15. Erstellen Sie die folgende Struktur von Verzeichnissen und Dateien:

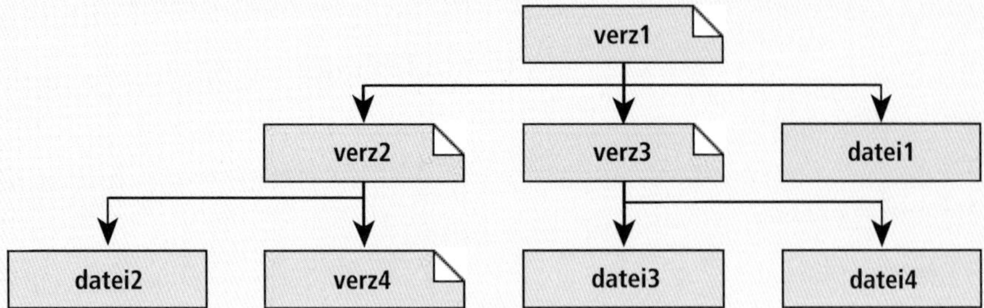

a. Kopieren Sie mit nur einem Befehl alle Dateien in das Verzeichnis *verz4*.

b. Kopieren Sie das Verzeichnis *verz3* in das Verzeichnis *verz2*.

c. Kopieren Sie den Inhalt des Verzeichnisses *verz3* in das Verzeichnis *verz2*.

d. Benennen Sie *datei1* in *datei5* um.

e. Löschen Sie Verzeichnis *verz1*.

16. Mit welchem Befehl und welcher Option kann man ein leeres Verzeichnis löschen? Tipp: Es gibt drei Kombinationen.

17. Welche Option des `rm`-Befehls sollte verwendet werden, wenn Sie beim Löschen einer Datei nicht nach der Berechtigung gefragt werden möchten?

18. Welcher Befehl sollte verwendet werden, um den gesamten Inhalt einer Datei anzuzeigen?

19. Schreiben Sie einen Befehl, der gleichzeitig den Inhalt von */etc/passwd* und */etc/services* anzeigt.

20. Zeigen Sie den Inhalt der Datei */etc/passwd* rückwärts an.

21. Was ist der Unterschied zwischen den Befehlen `more` und `less`?

22. Zeigen Sie die ersten drei Zeilen der Datei */etc/passwd* auf zwei verschiedene Arten an.

23. Zeigen Sie die ersten drei Buchstaben von jeder Zeile der Datei */etc/services* an.

24. Zeigen Sie die letzte Zeile der Datei */etc/services* an.

25. Angenommen, die Datei *app.log* existiert, zeigen Sie die angehängten Daten und die letzten 100 Zeilen dieser Datei an.

26. Zeigen Sie den sortierten Inhalt der Datei */etc/passwd* in umgekehrter Reihenfolge an.

27. Zeigen Sie alle unterschiedlichen Zeilen einer Beispieldatei namens *beispiel-datei.txt* an (d. h. ohne die Wiederholungen). Die Datei habe den folgenden Inhalt:

```
nobody
root
root
root
root
screensaver
webauthserver
webauthserver
webauthserver
www
www
www
www
www
www
```

Wie lautet die Ausgabe?

28. Zeigen Sie alle nur einmal vorkommenden Zeilen in der Datei *beispiel-datei.txt* (Übung **27.**) an. Wie lautet die Ausgabe?

29. Zeigen Sie alle unterschiedlichen Zeilen einer Datei namens *beispiel-datei.txt* an, einschließlich der Anzahl ihres Vorkommens (Übung **27.**). Wie lautet die Ausgabe?

30. Schreiben Sie einen Befehl, der alle Zeilen aus */etc/passwd* anzeigt, die Ihren Benutzernamen enthalten.

31. Zeigen Sie alle Hostadressen aus */etc/hosts* an.

32. Verwenden Sie die Datei */etc/services*, um Folgendes auszugeben:

a. alle Zeilen, die mit einem Buchstaben beginnen

b. alle Zeilen, die mit einer Ziffer beginnen

c. alle Zeilen, die keine Ziffer enthalten

d. alle Zeilen, die mit »foo« beginnen

e. alle Zeilen (und deren Nummern), die die Zeichenkette »root« enthalten

33. Führen Sie die folgenden Befehle aus:

a.
```
grep host /etc/hosts
```

b.
```
grep -w host /etc/hosts
```

Vergleichen Sie die beide Ausgaben. Worin unterscheiden sie sich?

34. Erstellen Sie von der Datei */etc/passwd* zwei Kopien in Ihrem Homeverzeichnis.

a. Vergleichen Sie die beiden Dateien, sodass der Befehl anzeigt, dass die Dateien identisch sind.

b. Ändern Sie den Inhalt einer der beiden neuen Dateien. Vergleichen Sie die Dateien, ohne den Unterschied zwischen ihnen anzuzeigen.

c. Ändern Sie den Inhalt einer der beiden Dateien. Vergleichen Sie diese beiden unterschiedlichen Dateien mit einem Befehl, der zusätzlich eine Erklärung des Unterschieds ausgibt.

d. Zeigen Sie den Inhalt der neuen Dateien in zwei Spalten an.

35. Erstellen Sie zwei Verzeichnisse (*verz1* und *verz2*) in Ihrem Homeverzeichnis. Kopieren Sie die Datei */etc/passwd* in jedes dieser neuen Verzeichnisse. Ändern Sie den Inhalt einer der Kopien.

a. Vergleichen Sie die neuen Verzeichnisse.

b. Vergleichen Sie die neuen Verzeichnisse rekursiv.

c. Vergleichen Sie die Datei */etc/passwd* in *verz1* und *verz2*.

36. Vergleichen Sie die Dateien */etc/passwd* und */etc/services* und zeigen Sie das erste unterschiedliche Byte an.

37. Zeigen Sie den Namen von */etc/passwd* an, ohne die Verzeichnisangaben, die zu der Datei führen.

38. Zeigen Sie den Namen von */etc/hosts.deny* an, ohne die Verzeichnisangaben und ohne Dateierweiterung.

39. Zeigen Sie die Dateitypen von */usr/bin/ls* und */etc/passwd* an.

40. Erstellen Sie eine leere Datei. Prüfen Sie mit dem Befehl `file`, dass die neue Datei keinen Inhalt hat.

41. Zeigen Sie die Anzahl der Zeilen, Wörter, Bytes und den Dateinamen von */etc/passwd* an.

42. Zeigen Sie die Anzahl der Zeilen, Wörter und den Dateinamen von */etc/passwd* an.

43. Zeigen Sie die Anzahl der Zeichen und den Dateinamen von */etc/passwd* an.

44. Zeigen Sie die Anzahl der Bytes, die Dateinamen und die Gesamtsumme aller Bytes von */etc/passwd* und */etc/services* an.

45. Wann kann die Anzahl der Bytes und Zeichen in einer Datei unterschiedlich sein?

Harte und weiche Links

6

» Dieses Kapitel vermittelt Ihnen alles Wissenswerte über harte und weiche Datei-Links, wobei weiche Links häufig auch als Softlinks oder symbolische Links (bzw. Verknüpfungen) bezeichnet werden. Sie erfahren, wie Sie harte und weiche Links erstellen und entfernen, welche Probleme bei der Verwendung von Links am häufigsten auftreten und wie sie sich dagegen wappnen können. «

Jede Datei besteht theoretisch aus zwei separaten Teilen – dem Dateinamen und dem Datenteil [14]. Die Daten werden auf eine Festplatte geschrieben und der Dateiname wird mit diesem Datenteil verknüpft. Bei der Erstellung einer neuen Datei wird ihr Dateiname mit den darin enthaltenen Daten verknüpft. Wenn die Datei umbenannt wird, werden nicht die Daten geändert, sondern nur der Dateiname, der auf sie verweist.

Die ► Abbildung 6.1 zeigt, dass der Dateiname *datei1.txt* auf die Daten »Dies ist der Inhalt der Datei« verweist.

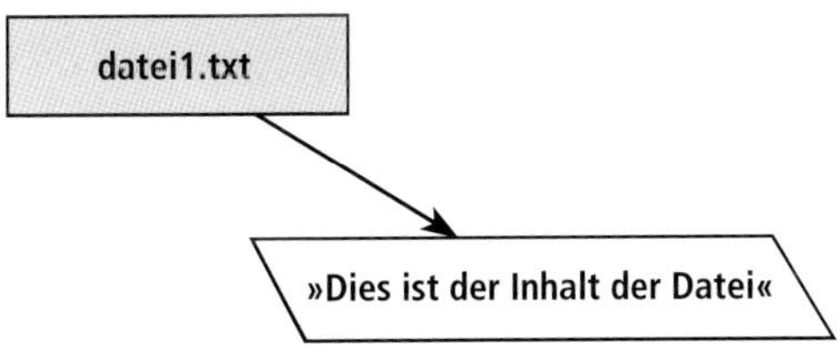

Abbildung 6.1 Dateiname wird mit den Daten verknüpft

Ein und dieselben Daten können mit mehr als einem Dateinamen verknüpft werden. Sie erstellen eine neue Verknüpfung zu bereits auf dem Datenträger vorhandenen Daten mit dem Befehl `link`.

Der Befehl `link` übernimmt zwei Argumente, und zwar den Namen der Datei und den Namen der Verknüpfung:

`link` **dateiname linkname**

Der Befehl verknüpft *linkname* mit *dateiname*.

Nach Ausführung des Befehls

```
link datei1.txt datei2.txt
```

zeigen *datei1.txt* und *datei2.txt* auf dieselben Daten (► Abbildung 6.2).

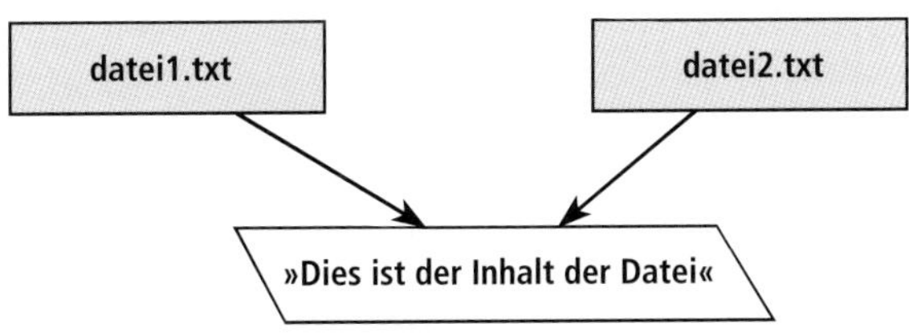

Abbildung 6.2 Zwei Dateien zeigen auf die gleichen Daten

Jede Änderung der Daten in *datei1.txt* ist auch in *datei2.txt* sichtbar. Durch das Entfernen einer der Dateien (z. B. *datei1.txt*) wird nur der Link zu diesen Daten gelöscht [14]. Der andere Dateiname verweist immer noch auf die Daten (d. h. *datei2.txt* existiert weiterhin).

Nach Ausführung des Befehls

```
rm datei1.txt
```

existiert *datei1.txt* nicht mehr, aber die Daten sind weiterhin über *datei2.txt* zugänglich [14] (▶ Abbildung 6.3).

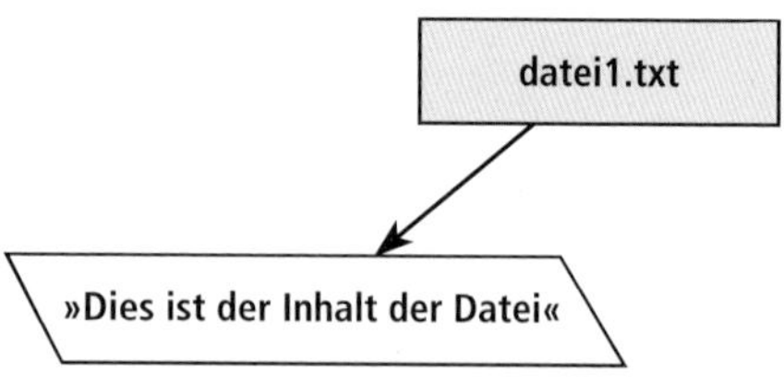

Abbildung 6.3 Zweite Datei zeigt auf Daten

Diese Art der Verknüpfung wird als harter Link bezeichnet. Die gleiche Art von Verknüpfung kann mit dem Befehl `ln` erstellt werden.

Im Allgemeinen wird der Befehl wie folgt verwendet:

`ln` **zieldatei linkname**

Der Befehl `ln` kann mit der Option `-s` auch zum Erstellen eines weichen Links (Softlink) verwendet werden [5]:

`ln` **-s zieldatei linkname**

Der weiche Link ist dem harten Link ähnlich, zeigt aber nicht auf die Daten auf der Festplatte, sondern auf den Dateinamen [14]. ▶ Abbildung 6.4 veranschaulicht das Ergebnis nach Ausführung des folgenden Befehls:

```
ln -s datei2.txt datei3.txt
```

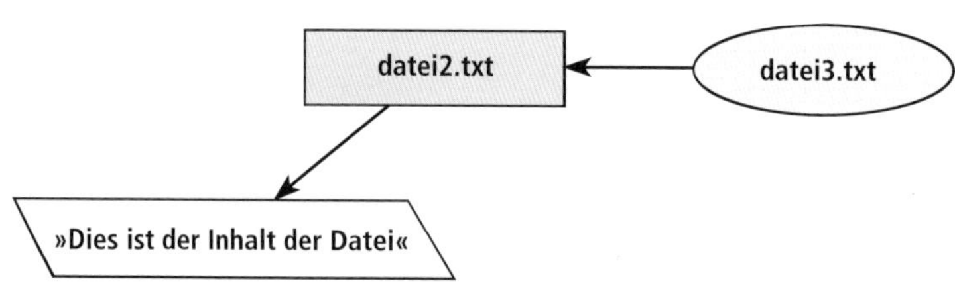

Abbildung 6.4 Weicher Link

Im Gegensatz zum harten Link verhält sich der weiche Link nach dem Entfernen der Zielverknüpfung anders:

```
rm datei2.txt
```

Dateiname *datei3.txt* ist zwar noch vorhanden, aber wenn der Befehl

```
cat datei3.txt
```

ausgeführt wird, erhalten Sie folgende Fehlermeldung:

```
cat: datei3.txt: No such file or directory
```

Die Fehlermeldung behauptet fälschlicherweise, dass *datei3.txt* nicht existiert, aber mit dem Befehl `ls` kann leicht überprüft werden, dass es *datei3.txt* noch gibt. Der Link *datei3.txt*, der auf *datei2.txt* zeigt, existiert noch, auch wenn *datei2.txt* nicht mehr existiert. Das Betriebssystem folgt dem Link, kann *datei2.txt* nicht finden [14] und gibt eine Fehlermeldung aus.

Ein weiterer Unterschied zwischen einem harten und einem weichen Link ist, dass der weiche Link auf ein Verzeichnis zeigen kann [14]. In diesem Fall sollte *zieldatei* ein Verzeichnis sein.

Zum Beispiel erstellt der Befehl

```
ls -s install/ inst
```

einen weichen Link zum Verzeichnis *install* mit dem Namen *inst*. Der neue weiche Link wird wie ein Verzeichnis verwendet. Das bedeutet, dass auf den weichen Link Befehle für Verzeichnisse angewendet werden können und deren Ausgaben den Ausgaben der gleichen Befehle auf das verknüpfte Verzeichnis entsprechen.

Andererseits können Befehle, die nur für reguläre Dateien bestimmt sind, nicht auf Verzeichnislinks angewendet werden. Zum Beispiel wird der Befehl

```
cat inst
```

folgenden Fehler zurückgeben:

```
cat: inst: Is a directory
```

denn `cat` zeigt nur den Inhalt von regulären Dateien an.

Ein wichtiger Unterschied zwischen harten und weichen Links ist außerdem, dass ein harter Link nicht auf eine Datei in einer anderen Partition verweisen kann, während dies bei weichen Links erlaubt ist [5].

Weiche Links werden auch häufig verwendet, um Dateien und Verzeichnisse mit komplizierten Pfaden zu finden. Der Befehl

```
cd workspace/e-government/budget/quellen/seiten
```

kann beispielsweise durch den folgenden Befehl ersetzt werden:

```
cd budget-seiten
```

wenn bereits ein weicher Link namens *budget-seiten* mit dem Zielverzeichnis verknüpft ist.

Diese Verknüpfung kann mit dem folgenden Befehl erstellt werden:

```
ln -s workspace/e-government/budget/quellen/seiten budget-seiten
```

Die Option `-f, --force` wird verwendet, wenn die Linkdatei bereits existiert und das Ziel ist, den Link zu überschreiben. Hier ist ein Beispiel für die Option:

`ln` **-s -f zieldatei linkname**

Ein weicher Link, der auf ein Verzeichnis zeigt, kann nicht mit dem Befehl `rmdir` gelöscht werden, da der weiche Link kein Verzeichnis ist, sondern eine Datei, die auf ein Verzeichnis verweist. Er kann jedoch mit dem Befehl `rm` gelöscht werden.

Verknüpfungen können auch mit dem Befehl `unlink` entfernt werden:

`unlink` **datei**

wobei *datei* die Verknüpfungsdatei ist, die entfernt werden soll.

Die Verwendung des Befehls

```
ls -l
```

ist eine einfache Möglichkeit, die Namen und Zieldateien aller weichen Links im aktuellen Verzeichnis zu finden [14]. Es ist auch ein einfacher Weg, um die Anzahl der harten Links von jeder Datei zu sehen.

Zusammenfassung

- ✓ Jede Datei besteht aus zwei separaten Teilen – dem Dateinamen und dem Datenteil.
- ✓ Wenn eine neue Datei erstellt wird, wird ihr Dateiname mit ihren Daten verknüpft.
- ✓ Dieselben Daten können mit mehr als einem Dateinamen verknüpft werden.
- ✓ Eine neue Verknüpfung zu bereits vorhandenen Daten auf dem Datenträger kann mit dem Befehl `link` oder `ln` erstellt werden. Diese Art der Verknüpfung wird als harter Link bezeichnet.
- ✓ Der Befehl `ln` kann mit der Option `-s` auch zum Erstellen eines weichen (symbolischen) Links verwendet werden.
- ✓ Der weiche Link verweist nicht auf die Daten auf dem Datenträger, sondern auf den Dateinamen.
- ✓ Ein weiterer Unterschied zwischen einem harten und einem weichen Link ist, dass der weiche Link auf ein Verzeichnis zeigen kann.
- ✓ Ein harter Link kann nicht auf eine Datei in einer anderen Partition verweisen, während dies mit weichen Links möglich ist.
- ✓ Verknüpfungen können mit den Befehlen `rm` und `unlink` entfernt werden.

Übungen zu Kapitel 6

1. Suchen Sie in den Manpages nach `find`, speziell nach den Optionen `-L` und `-samefile`. Was bewirken sie? Wofür werden sie verwendet?

2. Erstellen Sie in Ihrem Homeverzeichnis eine Datei namens *test*. Legen Sie im Homeverzeichnis einen harten Link mit dem Namen *test-link* an, der auf die neue Datei zeigt. Führen Sie den Befehl `cat` zuerst mit der Datei *test* als Parameter und dann mit der Datei *test-link* aus und überprüfen Sie, ob die Ausgabe die gleiche ist. Löschen Sie die Datei und den Link.

3. Erstellen Sie im Homeverzeichnis einen weichen Link mit dem Namen *pass*, der auf */etc/passwd* zeigt. Prüfen Sie, ob der folgende Befehl

   ```
   cat pass
   ```

   den Inhalt von */etc/passwd* anzeigt. Prüfen Sie, ob die neue Datei auf die Zieldatei verweist. Löschen Sie die Verknüpfung.

4. Erstellen Sie in Ihrem Homeverzeichnis einen Link auf das Verzeichnis */usr/bin* namens *bin*. Zeigen Sie den Inhalt von */usr/bin* mithilfe des Links an. Prüfen Sie, ob der Link auf das Zielverzeichnis zeigt. Prüfen Sie, dass der Link nicht mit dem Befehl `rmdir` gelöscht werden kann. Löschen Sie den Link.

5. Erstellen Sie einen Link auf das Verzeichnis */etc* in Ihrem Homeverzeichnis mit dem Namen *etc-link*. Zeigen Sie den Inhalt der Datei */etc/passwd* an, indem Sie den Link verwenden. Löschen Sie den Link.

6. Prüfen Sie, ob eine reguläre Datei (keine Verknüpfung) mit dem Befehl `unlink` gelöscht werden kann.

7. Legen Sie im Homeverzeichnis einen weichen Link mit dem Namen *pass* an, der auf */etc/passwd* verweist. Erstellen Sie einen zweiten weichen Link mit dem Namen *neuPass*, der auf die *pass*-Datei im selben Verzeichnis verweist. Entfernen Sie die Datei *pass*. Zeigen Sie den Inhalt von *neuPass* an. Wie lautet die Ausgabemeldung auf dem Bildschirm?

8. Finden Sie alle harten Links einer Datei. Tipp: siehe Übung 1..

9. Finden Sie alle Links einer Datei. Tipp: siehe Übung 1..

10. Versuchen Sie, einen harten Link auf ein Verzeichnis zu erstellen. Wie lautet die Ausgabemeldung auf dem Bildschirm?

11. Nennen Sie mindestens einen Vorteil von Links.

12. Nennen Sie mindestens einen Vorteil von harten Links gegenüber weichen Links.

13. Nennen Sie mindestens einen Vorteil von weichen Links gegenüber harten Links.

14. Erstellen Sie einen weichen Link auf eine Datei und benennen Sie anschließend die Originaldatei um. Weist der weiche Link auf eine existierende Datei?

15. Ändern Sie die Zieldatei eines weichen Links.

16. Ändern Sie die Zieldatei eines harten Links.

17. Kopieren Sie einen weichen Link mit

```
cp soft_link_datei neue_datei
```

Ist die neu erstellte Datei *neue_datei* ebenfalls ein weicher Link?

18. Erstellen Sie einen weichen Link mit dem Namen *meineDatei*, der auf eine Datei in Ihrem Homeverzeichnis zeigt. Kopieren Sie */etc/passwd* nach *meineDatei*. Was passiert mit der Originaldatei, auf die *meineDatei* zeigt?

19. Suchen Sie in den Manpages nach dem Befehl `cp`, genauer gesagt nach den Optionen `-P`, `-d` und `-a`. Erstellen Sie eine Kopie von einem weichen Link.

Metazeichen in Dateinamen; Anführungs- und Escapezeichen; Variablen

7

ÜBERBLICK

» Dieses Kapitel behandelt Metazeichen sowie Escape-und Anführungszeichen. Es definiert, was ein Bash-Skript ist und wie man damit arbeitet. Es erklärt, wie Variablen deklariert und in Skripten und anderswo gesetzt werden, und beschreibt darüber hinaus einige der am häufigsten verwendeten Umgebungsvariablen. «

7.1. Skripte

Ein Skript, auch Shell- oder Bash-Skript genannt, ist eine Textdatei, die eine Folge von Befehlen, bedingten Konstrukten, Funktionen usw. enthält [5]. Es wird oft zur Beschreibung einer Aufgabe verwendet, die dann an verschiedenen Orten und/oder zu verschiedenen Zeiten ausgeführt werden kann. Das Ausführen eines Skripts führt alle darin enthaltenen Anweisungen aus. Wenn die Skriptdatei eine ausführbare Datei ist, kann sie über ihren absoluten oder relativen Pfad ausgeführt werden. Die Ausführung eines Skripts kann auch über die Befehle `bash` oder `sh` erfolgen.

Zum Beispiel kann ein Skript mit dem Namen *mein_erstes_skript.sh* im Verzeichnis */home/meinnutzer* auf eine der folgenden Arten ausgeführt werden [5]:

1. Durch Angabe der Shell

   a. mit dem Befehl `bash`:

   ```
   bash mein_erstes_skript.sh
   ```

   b. mit dem Befehl `sh`:

   ```
   sh mein_erstes_skript.sh
   ```

2. Wenn die Datei ausführbar ist

   a. mit dem absoluten Pfad:

   ```
   /home/meinnutzer/mein_erstes_skript.sh
   ```

   b. mit relativem Pfad:

   ```
   cd /home/meinnutzer
   ./mein_erstes_skript.sh
   ```

Ausführbare Dateien sind Dateien mit festgelegten Ausführungsberechtigungen. Weitere Informationen zu Berechtigungen finden Sie in Kapitel 11.

Es ist gute Praxis, die erste Zeile eines Skripts mit `#!` (genannt Shebang) zu beginnen, gefolgt vom Pfad der Shell, die das Skript ausführen soll [4]. Die Angabe einer Shell mithilfe eines Shebang bedeutet, dass das Skript unabhängig von der Shell des Benutzers ausgeführt werden kann [4].

7.2. Metazeichen in Dateinamen

Eine häufige Aufgabe bei der Arbeit mit dem Terminal besteht darin, nach einer Datei (oder mehreren Dateien) zu suchen, ohne deren genauen Namen oder Speicherort zu kennen, wie beispielsweise die Suche nach allen Dateien im aktuellen Verzeichnis, die im Namen die Zeichenfolge »init« am Ende, am Anfang oder in der Mitte enthalten. Diese Aufgaben können mit den Shell-Metazeichen erledigt werden – Sonderzeichen, die interpretiert werden, statt direkt an den verwendeten Befehl übergeben zu werden.

► Tabelle 7.1 enthält einige der Shell-Metazeichen, die häufig bei der Suche nach Mustern in Dateinamen verwendet werden [2].

Zeichen	Definition
?	Entspricht genau einem beliebigen Zeichen.
*	Entspricht einer beliebigen Anzahl von beliebigen Zeichen.
[]	Entspricht einem der Zeichen in den eckigen Klammern.

Tabelle 7.1. Shell-Metazeichen

7.3. Anführungs- und Escapezeichen

Viele Zeichen und Wörter haben eine besondere Bedeutung oder sind reserviert. Diese Beschränkung kann durch die Verwendung von Anführungs- und Escapezeichen, wie in ► Tabelle 7.2 beschrieben, aufgehoben werden [14].

Zeichen	Definition
Escapezeichen (\)	Hebt die besondere Bedeutung des nächsten einzelnen Zeichens auf.
Einfache Anführungszeichen (' ... ')	Zeigt alle Zeichen so an, wie sie sind. Einfache Anführungszeichen können nicht verschachtelt werden.
Doppelte Anführungszeichen (" ...")	Zeigt alle Zeichen so an, wie sie sind, außer das Dollarzeichen, die Anführungszeichen und den Backslash.

Tabelle 7.2. Anführungs- und Escapezeichen

7.4. Variablen

Wie auch in anderen Programmiersprachen üblich, erlaubt Bash die Verwendung von Variablen. Eine Variable ist ein Speicher, verbunden mit einer Information, auf die über einen symbolischen Namen zugegriffen wird. Eine Variable kann für eine Zahl, ein Zeichen, eine Zeichenkette (String) oder ein Array stehen. Eine in Bash deklarierte Variable hat weder einen Datentyp noch darf ihr Name mit einer Zahl beginnen. Die Zuweisung eines Wertes an eine Variable erfolgt durch das Gleichheitszeichen (=) [13].

```
meine_string_var="Hallo Welt!"
```

Diese Codezeile definiert eine Variable namens *meine_string_var* und weist ihr den Wert »Hallo Welt!« zu. Hier werden die doppelten Anführungszeichen verwendet, um das Leerzeichen in »Hallo Welt!« zu berücksichtigen [13]. Ansonsten könnten sie weggelassen werden.

> **Hinweis: Bei der Definition einer Variablen sollten vor und nach dem Gleichheitszeichen keine Whitespace-Zeichen stehen [13].**

Der Zugriff auf den Wert einer Variablen erfolgt über das Dollarzeichen ($). Dies wird als Parametererweiterung bezeichnet und hat die folgenden Syntaxformen [13]:

$**variable**

${**variable**}

Beispiel:

```
echo $meine_string_var
```

Diese Codezeile gibt den Wert von *meine_string_var* aus, z. B. `Hallo Welt!`.

7.5. Mit Variablen arbeiten

Alle Variablen der aktuellen Shell-Sitzung, einschließlich der Umgebungsvariablen, können mit dem Befehl `set` angezeigt werden, wenn er ohne Optionen und/oder Argumente ausgeführt wird [14]. Wird er mit Optionen ausgeführt, kann der `set`-Befehl auch zum Setzen oder Aufheben von Shell-Attributen verwendet werden.

► Tabelle 7.3 beschreibt einige der häufig verwendeten Umgebungsvariablen [5, 13].

Variable	Definition
HOME	Das Homeverzeichnis des aktuellen Benutzers
PATH	Eine Liste von durch Doppelpunkt getrennten Verzeichnissen, in denen das System nach Befehlen sucht
PS1	Der Hauptstring des Prompts (Eingabeaufforderung genannt). Diese Variable legt fest, wie der Prompt beim Starten einer Shell-Sitzung aussieht.
PS2	Der sekundäre String des Prompts. Er wird verwendet, wenn sich ein Befehl über mehrere Zeilen erstreckt.
PWD	Das aktuelle Arbeitsverzeichnis
USER	Der Name des aktuellen Benutzers
SHELL	Definiert die Shell, die alle ausgeführten Befehle interpretiert. Standard ist normalerweise Bash
HOSTNAME	Der Name des aktuellen Hostrechners.

Tabelle 7.3. Umgebungsvariablen

Das Hinzufügen von Argumenten in einer Reihenfolge definiert Werte für Positionsparameter [3].

```
set eins zwei drei
```

Ein Positionsparameter ist ein Parameter, der durch eine oder mehrere Ziffern dargestellt wird, mit Ausnahme der Ziffer 0. Positionsparameter werden zu Beginn einer Shell-Sitzung gesetzt [3]. Bei der Ausführung eines Shell-Skripts oder einer Funktion werden die Positionsparameter temporär durch die Argumente ersetzt, mit denen das Skript oder die Funktion ausgeführt wird.

```
./mein_zweites_skript.sh arg1 arg2
```

Auf den Wert eines Positionsparameters kann wie auf eine Standardvariable mit dem Dollarzeichen ($) zugegriffen werden. Positionsparameter werden der Reihe nach definiert, d. h. auf den Wert des ersten Arguments kann über `$1` zugegriffen werden, auf den Wert des zweiten Arguments über `$2` usw.

► Tabelle 7.4 beschreibt Variablen, die beim Arbeiten mit Positionsparametern verwendet werden [3].

Variable	Definition
$0	Speichert den ausgeführten Befehl, das Skript oder die Funktion in der aktuellen Shell-Sitzung.
$1 ...$n	Speichert einen Wert eines Positionsparameters. Positionsparameter mit mehr als einer Ziffer können mit geschweiften Klammern erweitert werden (z. B. ${14}).
$#	Speichert die Anzahl der Positionsparameter.
$*	Speichert alle Positionsparameter. Wenn `$*` in doppelten Anführungszeichen verwendet wird, erweitert es die Positionsparameter zu einem einzelnen Wort.
$@	Speichert alle Positionsparameter. Wenn `$@` in doppelten Anführungszeichen verwendet wird, erweitert es die Positionsparameter zu einer Liste separater Wörter, als Trennzeichen dienen die enthaltenen Leerzeichen.

Tabelle 7.4. Positionsparameter

Positionsparameter können durch den Befehl `shift` auch verändert werden. Der Befehl nimmt ein Argument in Form einer Zahl entgegen und verschiebt alle Positionsparameter um diese Zahl N nach links bzw. um 1, wenn keine Zahl angegeben ist [3]. Das bedeutet, dass er verwendet werden kann, um ab Anfang der Parameterliste N Positionsparameter zu verwerfen. Zum Beispiel führt der Code

```
set eins zwei drei vier fuenf sechs
shift 2
echo $1 # prints "drei"
```

dazu, dass die Strings *eins* und *zwei* verworfen werden, wodurch String *drei* den Wert von $1 und String *vier* den Wert von $2 erhält.

Variablen und Funktionen können mit dem Befehl `unset` entfernt werden [3]. Zum Beispiel:

`unset` **meine_string_var**

löscht die Variable *meine_string_var* und ihren Wert.

Eine Variable kann mit dem Befehl `export` an beliebige neue Prozesse übergeben werden [5]. Der Befehl kennzeichnet eine oder mehrere Variablen zur Vererbung. Wird er ohne Parameter ausgeführt, dann zeigt er die Liste aller aktuell exportierten Variablen an. Beim Exportieren einer Variablen kann der Befehl ihr auch einen Wert zuweisen. Zum Beispiel:

```
export exportierte_var="Ich bin exportiert!"
```

Zusammenfassung

- ✓ Ein Skript ist eine Textdatei, die eine Folge von Befehlen, bedingten Konstrukten, Funktionen usw. enthält.
- ✓ Skripte werden oft verwendet, um eine Aufgabe zu beschreiben, die an verschiedenen Orten und/oder zu verschiedenen Zeiten ausgeführt werden kann.
- ✓ Metazeichen sind Sonderzeichen, die interpretiert und nicht direkt an den verwendeten Befehl übergeben werden.
- ✓ Anführungszeichen werden verwendet, um die besondere oder reservierte Bedeutung bestimmter Zeichen aufzuheben.
- ✓ Eine Variable ist ein Speicher, der mit einer Information verbunden ist, die über einen symbolischen Namen angesprochen wird.
- ✓ Eine Variable kann eine Zahl, ein Zeichen, ein String oder ein Array repräsentieren.
- ✓ Mit dem Gleichheitszeichen (=) wird einer Variable ein Wert zugewiesen und mit dem Dollarzeichen ($) vor dem Variablennamen wird auf sie zugegriffen.
- ✓ Ein Positionsparameter ist ein Parameter, der durch eine oder mehrere Ziffern dargestellt wird, abgesehen von der Ziffer `0`.
- ✓ Bei der Ausführung eines Shell-Skripts oder einer Funktion werden die Positionsparameter temporär durch die Argumente ersetzt, mit denen das Skript oder die Funktion ausgeführt wird.
- ✓ Eine Variable kann mit dem Befehl `export` an beliebige neue Prozesse übergeben werden.

Übungen zu Kapitel 7

1. Schreiben Sie einen Befehl, der alle Dateien im aktuellen Verzeichnis auflistet, deren Name mit »init« beginnt, mit ».txt« endet und:

a. nur ein Zeichen dazwischen aufweist (wie *init2.txt*);

b. eine beliebige Anzahl von Zeichen dazwischen aufweist (wie *init24ldf.txt*);

c. nur ein Zeichen dazwischen aufweist, das »a«, »b« oder »c« lautet (wie *inita.txt*, *initb.txt*, *initc.txt*).

2. Schreiben Sie einen Befehl, der alle Dateien im aktuellen Verzeichnis auflistet, die

a. Bash-Dateien sind und deren Namen mit »start« beginnen;

b. die Endung ».pp« haben;

c. Dateinamen haben, die mit »pstree« beginnen, mit »x11« enden und nur ein Zeichen dazwischen aufweisen;

d. Dateinamen mit einer Länge von 9 Zeichen haben und mit »gtf.jpeg« enden;

e. Dateinamen haben, die mit einem zufälligen Zeichen beginnen, gefolgt von dem String »art« und enden mit der Endung ».txt«;

f. *car.py*, *cat.py* oder *can.py* lauten.

3. Welche Kombination von Dateinamen kann durch Ausführen der folgenden Befehle aufgelistet werden?

a.
```
ls ar[bet]
```

b.
```
ls ba[rt]e[dr]
```

4. Das aktuelle Verzeichnis enthält die folgenden Dateien:

```
banger
barged
barding
barde
bearding
```

Wie lautet das Ergebnis nach Ausführen der folgenden Befehle?

a.
```
ls *arding
```

b.
```
ls ba[rn]ge[dr]
```

c.
```
ls bard*
```

d.
```
ls ban?er
```

5. Wie lautet das Ergebnis nach Ausführen der folgenden Befehle?

a.
```
echo "Mein Hostname ist $HOSTNAME."
```

b.
```
echo 'Mein Hostname ist $HOSTNAME.'
```

c.
```
echo "Mein Hostname ist \$HOSTNAME."
```

6. Erstellen Sie eine Variable namens *erfinder_von_linux* und setzen Sie ihren Wert auf die Zeichenkette »Linus Torvalds«. Wie lautet das Ergebnis nach Ausführen der folgenden Befehle?

a.
```
echo $erfinder_von_linux
```

b.
```
echo erfinder_von_linux
```

7. Fügen Sie */usr/X11R6/bin* zur Umgebungsvariablen `PATH` hinzu.

8. Ändern Sie Ihr aktuelles Verzeichnis in */opt*, indem Sie einen neuen Wert für die Variable `PWD` setzen.

9. Ändern Sie den Wert von `PS1` so, dass der Prompt den aktuellen Benutzernamen, den Hostnamen, das Datum (Stunden, Minuten und Sekunden) und das Verzeichnis anzeigt.

10. Zeigen Sie die aktuelle Liste der Umgebungsvariablen an. Fügen Sie eine neue Variable *STR* mit dem Wert »Hallo Welt!« hinzu und prüfen Sie, ob sie in die Liste der Umgebungsvariablen aufgenommen wurde.

11. Wie lautet das Ergebnis nach Ausführen der folgenden Befehle?

```
set var='irgendein Wert'
echo $1
```

12. Schreiben Sie ein Skript, das `a, 3, 0` und `d` als Positionsparameter setzt. Zeigen Sie die Parameter an, um zu prüfen, ob sie korrekt gesetzt sind.

13. Schreiben Sie ein Skript, das die ersten drei Positionsparameter und die Gesamtanzahl der Positionsparameter anzeigt.

14. Erstellen Sie eine Variable namens *erstes_linux_kernel_jahr*, die den Wert 1991 hat. Wie lautet das Ergebnis nach Ausführen der folgenden Befehle?

```
echo $erstes_linux_kernel_jahr
unset erstes_linux_kernel_jahr
echo $erstes_linux_kernel_jahr
```

15. Schreiben Sie einen Befehl, um den geänderten Wert der Umgebungsvariablen `PATH` aus Übung 7. für andere Prozesse verfügbar zu machen.

16. Schreiben Sie einen Befehl, der die Variable *neue_var* exportiert und ihr gleichzeitig einen neuen Wert (Neuer Wert!) zuweist.

17. Wie oft wird `meinevar=meinname` nach der Ausführung des folgenden Skripts angezeigt?

```
#!/bin/bash
meinevar=meinname
echo meinevar=$meinevar
export meinevar
set
unset meinevar
set
```

18. Wenn sich im aktuellen Verzeichnis ein Skript *meineapp.sh* mit der folgenden Definition befindet:

```
#!/bin/bash
echo "MEINEAPP=$MEINEAPP"
MEINEAPP=2
echo "MEINEAPP=$MEINEAPP"
```

wie lautet dann Ergebnis nach Ausführen der folgenden Befehle?

```
MEINEAPP=1
bash meineapp.sh
```

Standardeingabe, Standardausgabe und Standardfehler; Hintergrundprozesse; Exit-Status

8

ÜBERBLICK

» Dieses Kapitel stellt die Konzepte von Standardeingabe, Standardausgabe und Standardfehler vor. Es erklärt, wie die Ein-/Ausgabe eines Prozesses an eine Datei oder einen anderen Prozess umgeleitet werden kann. Es führt auch in die Begriffe Eltern- und Kindprozesse ein, zeigt, wie ein Prozess asynchron ausgeführt wird und wie ein Elternprozess den Rückgabewert eines Kindprozesses überprüfen kann. «

Normalerweise wird in Unix-Systemen bei der Initialisierung eines Befehls (oder eines Prozesses) Zugriff auf drei Standardstreamdateien gewährt – die Standardeingabe, die Standardausgabe und die Standardausgabe für Fehler (kurz Standardfehler) [14]. Diese speziellen Dateien werden auch `stdin`, `stdout` bzw. `stderr` genannt und sind in der Regel mit dem Terminal verbunden, auf dem die Shell läuft.

Meistens ist `stdin` mit der Tastatur verbunden und `stdout` und `stderr` mit dem Bildschirm [14]. Mit anderen Worten, die meisten Befehle erhalten ihre Eingabedaten von `stdin` und senden ihre Ausgabedaten an `stdout` bzw. an `stderr`, wenn ein Fehler auftritt.

8.1. Eine Zeile aus der Standardeingabe in Variable(n) speichern

Eine gängige Methode, einer Variablen (oder einer Liste von Variablen) über die Standardeingabe dynamisch einen Wert zuzuweisen, ist der Befehl `read`:

`read` **variable_name1 [variable_name2 ...]**

Der Befehl liest eine Zeile von `stdin` und weist die Wörter einer oder mehreren Variablen zu, die durch die Parameter angegeben werden. Wenn mehr Wörter vorhanden sind als Parameter, werden die übrig gebliebenen Wörter dem letzten Parameter zugewiesen. Hat der Befehl nur einen Parameter, dann wird diesem die ganze Zeile zugewiesen [14].

Wenn Sie zum Beispiel Folgendes ausführen:

```
echo -n "Geben Sie Ihren Namen ein: "
read vorname nachname
```

und dann `John Smith` in das Terminal eingeben und die Eingabetaste drücken, wird »John« der Variablen *vorname* und »Smith« der Variablen *nachname* zugewiesen.

Nach Eingabe von

```
echo $vorname
```

wird `John` im Terminal angezeigt.

8.2. Umleiten

Die E/A eines Prozesses kann umgeleitet werden und die gebräuchlichsten Operatoren hierfür sind:

< dateiname

Leitet die Standardeingabe aus einer Datei um, d. h., der Prozess erhält seine Eingabedaten aus einer Datei [14].

> dateiname

Leitet die Standardausgabe in eine Datei um, d. h., die Ausgabe des Prozesses wird in eine Datei geschrieben. Dieser Vorgang ist destruktiv, d. h., wenn die Datei existiert und einen Inhalt hat, wird sie mit der Ausgabe des Prozesses überschrieben [14].

>> **dateiname**

Leitet die Standardausgabe in eine Datei um, d. h., die Ausgabe des Prozesses wird an das Ende der Datei angehängt [14].

2> **dateiname**

Leitet den Standardfehler in eine Datei um, d. h., die Fehlerausgabe des Prozesses wird durch Angabe eines Standardfehler-Dateideskriptors 2 in eine Datei geschrieben (▶ Kapitel 14) [14].

> **dateiname** `2>&1`

Leitet die Standardausgabe und den Standardfehler in die gleiche Datei um [14]. Hier werden erneut die Dateideskriptoren der `stdout`- und `stderr`-Dateien verwendet. Die Standardausgabe wird zuerst umgeleitet, danach der Standardfehler [14].

&> **dateiname**

Leitet die Standardausgabe und die Standardfehler in dieselbe Datei um [14]. Dies ist eine vereinfachte Version des obigen Operators, die in neueren Bash-Versionen hinzugefügt wurde.

Wenn die Standardausgabe in eine nicht existierende Datei umgeleitet wird, dann wird diese erstellt.

8.3. Pipe (Pipeline)

Die Ausgabe eines Prozesses kann als Eingabe eines anderen Prozesses verwendet werden, d. h., die Standardausgabe eines Prozesses wird auf die Standardeingabe eines anderen Prozesses umgeleitet [14]. Hierfür wird der Pipe-Operator eingesetzt:

befehl_eins | befehl_zwei [| befehl_drei ...]

Eine Aneinanderreihung von Pipes wird Pipeline genannt. Ein Befehl eignet sich für Pipes, wenn er seine Eingabe aus `stdin` liest und seine Ausgabe nach `stdout` schreibt. Beispiele für solche Befehle finden Sie in ▶ Tabelle 8.1.

Befehl	Verwendung

`cat`
`cut`
`tac`
	Fehlt die Angabe von Optionen und Argumenten bzw. wird ein Bindestrich (-) als Dateiargument verwendet, dann liest der Befehl seine Eingabe von `stdin` und schreibt sie nach `stdout`.

`head` `tail`	Fehlt die Angabe einer Datei bzw. wird ein Bindestrich (-) als Dateiargument verwendet, dann schreibt der Befehl die ersten/-letzten Zeilen von `stdin` nach `stdout`, wenn das Ende der Eingabe (STRG+D) signalisiert wird.
`tr -s` **SET**	Löscht aus einer Zeichenmenge von `stdin` sich wiederholende Zeichen, ersetzt sie durch ein einzelnes und schreibt das Ergebnis nach `stdout`. *SET* steht für einen String. Wird oft verwendet, um Mehrfach-Leerzeichen zu suchen und durch ein einziges Leerzeichen zu ersetzen: `tr -s " "`
`tee` **dateiname_eins** [**dateiname_zwei** ...]	Liest aus `stdin` und schreibt sowohl in `stdout` als auch in eine oder mehrere Dateien. Dieser Befehl kann in der Mitte einer Pipeline nützlich sein, um Zwischenausgaben in einer Datei zu speichern.

Tabelle 8.1. Für Pipe geeignete Befehle

8.4. Hintergrundprozesse

Ein in Ausführung befindlicher Befehl ist im Grunde ein Kindprozess der Shell und normalerweise mit dem Terminal verbunden. Mit anderen Worten, Befehle werden meistens synchron ausgeführt, ihre Ein- und Ausgabe ist mit `stdin` und `stdout` verbunden und jeder Befehl wartet, bis der vorherige beendet ist, bevor er startet. Synchrone Prozesse werden auch Vordergrundprozesse genannt.

Ein Befehl kann asynchron ausgeführt werden, indem `&` an das Ende der Befehlszeile angehängt wird:

befehl `&`

Der `&`-Operator führt den Befehl im Hintergrund aus und trennt den Prozess vom Terminal, sodass dies frei ist, um andere Prozesse auszuführen [4]. Ein Prozess, der im Hintergrund läuft, wird Job genannt. Seine Standardeingabe wird in die Systemdatei */dev/null* umgeleitet, während die Standardausgabe und der Standardfehler weiterhin mit dem Terminal verbunden sind.

Bei Ausführung der folgenden Befehlszeile

```
ls -l > beispiel.txt &
```

sieht die Beispielausgabe in etwa so aus:

```
[1] 740
[1] steht fuer eine Job-ID, waehrend 740 die Prozess-ID (PID) ist. Wenn der Job
    abgearbeitet ist, wird eine Nachricht im folgenden Format an das Terminal
    gesendet:
[1]+  Done                    ls -l > beispiel.txt
```

womit angezeigt wird, dass der Job mit der ID 740 seine Arbeit erledigt hat [4].

Über die Systemvariable `$!` kann auf die Prozess-ID (PID) des zuletzt ausgeführten Hintergrundprozesses zugegriffen werden [3]. Entsprechend dem obigen Beispiel führt die Ausführung von

```
echo $!
```

zur Anzeige der PID 740.

Der Zugriff auf die PID der aktuellen Shell-Instanz erfolgt demnach über die Systemvariable $$ [3].

8.5. Exit-Status

Jeder Prozess gibt nach Beendigung seiner Arbeit eine Nummer an seinen Elternprozess zurück, genau wie in einem C-Programm (siehe Kapitel 16). Diese Nummer wird *Exit-Status* genannt (auch als *Return-Code* oder *Rückgabestatus* bezeichnet) [13]. Ein Exit-Status von 0 bedeutet, dass der Prozess erfolgreich beendet wurde, während jeder Exit-Status ungleich 0 als *Fehlercode* interpretiert werden kann [13]. Verschiedene Befehle interpretieren die Nummern ungleich null des Exit-Status unterschiedlich. Alle spezifischen Exit-Status eines Befehls sind auf den Manpages zu diesem Befehl beschrieben. Auf den Exit-Status des zuletzt ausgeführten Prozesses können Sie über die Systemvariable $? zugreifen [13].

Zusammenfassung

- Wenn ein Befehl (oder ein Prozess) initialisiert wird, erhält er Zugriff auf drei Standardstreamdateien – die Standardeingabe, die Standardausgabe und die Standardausgabe für Fehler (kurz Standardfehler).
- Eine gängige Methode, einer Variablen (oder einer Liste von Variablen) über die Standardeingabe dynamisch einen Wert zuzuweisen, ist der Befehl `read`.
- Die häufigste Art, die E/A eines Prozesses umzuleiten, ist die Verwendung der Operatoren <, >, >> und `2>`.
- Die Ausgabe eines Prozesses kann über den Pipe-Operator als Eingabe für einen anderen Prozess verwendet werden.
- Eine Aneinanderreihung von Pipes wird als Pipeline bezeichnet.
- Normalerweise werden Befehle synchron ausgeführt.
- Synchrone Prozesse werden auch als Vordergrundprozesse bezeichnet.
- Asynchrone Prozesse werden als Hintergrundprozesse bezeichnet und können durch Anhängen von `&` an das Ende der Befehlszeile ausgeführt werden.
- Jeder Prozess gibt nach Beendigung seiner Arbeit eine Nummer an seinen Elternprozess zurück. Diese Nummer wird Exit-Status genannt.

Übungen zu Kapitel 8

1. Erstellen Sie in Ihrem Homeverzeichnis von der Datei */etc/passwd* eine Kopie namens *passwdKopie*. Schreiben Sie einen Befehl, der den Inhalt der Datei */etc/services* an das Ende von *passwdKopie* hängt.

2. Zeigen Sie die Anzahl der angemeldeten Benutzer an.

3. Zeigen Sie die Anzahl der Dateien im aktuellen Verzeichnis an.

4. Warum liefern die folgenden Befehlszeilen

```
ls | wc -l
```

```
ls -l | wc -l
```

   jeweils ein anderes Ergebnis?

5. Verwenden Sie `grep` und `sort`, um die sortierten Zeilen der Dateien in Ihrem Homeverzeichnis anzuzeigen, die »bash« enthalten.

6. Verwenden Sie eine Kombination aus `grep` und `locate`, um alle Dateinamen zu finden, die »bin« und nicht »lib« enthalten.

7. Schreiben Sie ein Skript, das mit dem Befehl `who` den Benutzer anzeigt, der sich zuerst im System angemeldet hat und noch angemeldet ist.

8. Schreiben Sie eine Befehlszeile, die nur die Zeilen in einer gegebenen Datei anzeigt, die keine Duplikate haben.

9. Schreiben Sie eine Befehlszeile, die alle sich wiederholenden Zeilen in einer Datei filtert.

10. Schreiben Sie eine Befehlszeile, die sich wiederholende Leerzeichen, Tabulator- und Zeilenvorschub-Zeichen in einer Datei beschneidet.

11. Schreiben Sie eine Befehlszeile, die anzeigt, wie oft jede Zeile in einer Datei vorhanden ist.

12. Schreiben Sie eine Befehlszeile, die die Anzahl der Dateien pro Eigentümer im aktuellen Verzeichnis anzeigt, einschließlich der versteckten Dateien.

13. Schreiben Sie eine Befehlszeile, die die Benutzernamen aller Studenten, die im System angemeldet sind, in eine Datei namens *angemeldete_Studenten* schreibt. Hinweis: Es wird vorausgesetzt, dass alle Studenten (und niemand sonst) Benutzernamen mit dem folgenden Format haben: s<FN>, wobei <FN> die Immatrikulationsnummer des Studenten ist.

14. Schreiben Sie ein Skript, das den Namen eines vorhandenen Verzeichnisses von der Standardeingabe liest und dann eine Meldung auf die Standardausgabe schreibt, die die Anzahl aller Dateien im Verzeichnis und die Anzahl der Dateien mit der Erweiterung ».txt« angibt.

15. Schreiben Sie ein Skript, das Datum und Zeit der Anmeldung des `root`-Benutzers am System in eine Datei mit dem Namen *root_login_datum.txt* schreibt. Als Eingabe dient eine Datei mit dem Namen *login_log.txt*, die den folgenden Inhalt hat:

```
root pts/0 2015-01-01 14:37
student pts/1 2015-01-01 18:00
tslavova pts/6 2015-01-10 11:15
s12345 pts/10 2015-10-17 17:55
root pts/3 2015-01-12 12:40
user02 pts/2 2015-01-17 14:38
root pts/3 2015-01-20 08:30
```

16. Schreiben Sie ein Skript, das den Namen eines vorhandenen Verzeichnisses von der Standardeingabe liest und eine Meldung auf die Standardausgabe schreibt, die die Anzahl aller Shell-Skripte in diesem Verzeichnis (.sh-Dateien) angibt. Anschließend verschiebt es diese in das Verzeichnis *bin* des Homeverzeichnisses des Benutzers.

17. Schreiben Sie eine Befehlszeile, die alle Zeilen einer Datei namens *beispiel.txt* anzeigt, die

a. mit einem Großbuchstaben beginnen und mit einer Ziffer enden

b. mit einem Großbuchstaben beginnen und nicht mit einer Ziffer enden

c. mit einem Kleinbuchstaben beginnen und nicht mit einer Ziffer enden

d. mit einem Kleinbuchstaben beginnen und mit einer Ziffer enden

18. Schreiben Sie eine Befehlszeile, die die Zeilen der */etc/passwd*-Datei numerisch sortiert, die in der ersten Spalte, vom ersten bis zum fünften Zeichen einen Großbuchstaben enthalten. Leiten Sie dann die Ausgabe in eine neue Datei um.

19. Schreiben Sie eine Befehlszeile, die die Zeilen der */etc/passwd*-Datei alphabetisch sortiert, die in der ersten Spalte, vom ersten bis zum fünften Zeichen keinen Großbuchstaben enthalten. Leiten Sie dann die Ausgabe in eine neue Datei um.

20. Schreiben Sie eine Befehlszeile, die die Zeilen der */etc/passwd*-Datei alphabetisch sortiert, die in der ersten Spalte, vom ersten bis zum fünften Zeichen einen Großbuchstaben enthalten. Leiten Sie dann die Ausgabe in eine neue Datei um.

21. Schreiben Sie eine Befehlszeile, die die Zeilen der */etc/passwd*-Datei numerisch sortiert, die in der ersten Spalte, vom ersten bis zum fünften Zeichen keinen Großbuchstaben enthalten. Leiten Sie dann die Ausgabe in eine neue Datei um.

22. Angenommen, es existiert eine C-Programm namens *prog.c*. Starten Sie dessen Kompilierung als Hintergrundprozess.

23. Führen Sie den Befehl

```
sleep 5
```

im Hintergrund aus. Prüfen Sie den Wert von `$!`, während der Befehl noch am Laufen ist und nachdem er beendet ist.

24. Zeigen Sie auf der Standardausgabe die Prozess-ID der aktuellen Shell-Instanz an.

25. Zeigen Sie die aktuellen Datums- und Zeitangaben an und prüfen Sie den Exit-Status des Befehls.

26. Deaktivieren Sie die Möglichkeit des Benutzers, Nachrichten zu empfangen, und prüfen Sie dann den Exit-Status des Befehls `mesg`.

27. Schreiben Sie ein Skript, das die aktuell angemeldeten Benutzer anzeigt und mit Status 2 beendet wird. Führen Sie das Skript aus und prüfen Sie seinen Exit-Status.

Bedingte Konstrukte und Schleifenstrukturen

9

ÜBERBLICK

» In diesem Kapitel werden die gängigsten bedingten Konstrukte und Schleifenstrukturen vorgestellt, unter anderem `test`, `if`, `for`, `while`. Es bietet außerdem einen Überblick über die ältere und neuere Syntax und Versionen einiger dieser Befehle. «

Zusammengesetzte Befehle sind Programmierkonstrukte. In Bash dienen sie zur Gruppierung von Befehlen sowie zur Ausführung von Bedingungen und Schleifen. Das Gruppieren von Befehlen wird in Kapitel 4 besprochen. Bedingte Konstrukte bestehen aus Befehlen, deren Ausführung mit Bedingungen verknüpft ist, während Schleifenstrukturen Befehle für iterative Aktionen sind. Sie beginnen mit einem reservierten Wort oder Steuerungsoperator und werden mit einem reservierten Wort oder Steuerungsoperator abgeschlossen [3].

9.1. Der `test`-Befehl

Der Befehl `test` wird häufig in bedingten Konstrukten und in Schleifenstrukturen verwendet [14]. Seine Syntax lautet:

`test` **ausdruck**

oder

`[` **ausdruck** `]`

wobei zwischen den eckigen Klammern und dem Ausdruck immer Leerzeichen stehen sollten [13].

Der Befehl `test` wird verwendet, um zu prüfen, ob ein Ausdruck wahr oder falsch ist. Wenn der Ausdruck als wahr ausgewertet wird, endet der Befehl mit dem Statuscode 0 [14], und wenn die Auswertung falsch ergibt, wird der Befehl mit einem Statuscode ungleich 0 beendet. Wird der Befehl ohne *ausdruck* ausgeführt, dann wird er standardmäßig mit false beendet. ▶ Tabelle 9.1 zeigt Operatoren zur Verwendung in Ausdrücken, die vom Befehl `test` ausgewertet werden, einschließlich String-, Integer-, Datei- und boolesche Operatoren [14].

Ab der Version 2.02 gibt es in Bash den erweiterten `test`-Befehl mit der folgenden Syntax:

`[[` **ausdruck** `]]`

wobei `[[` eigentlich ein Schlüsselwort und kein Befehl ist. Bash betrachtet `[[ 5 -lt 12 ]]` als einzelnes Element, das einen Exit-Status zurückgibt.

Im erweiterten Testbefehl werden einige Operatoren durch eine dem Programmierer vertrautere Syntax ersetzt. Die wichtigsten Unterschiede zwischen den Befehlen sind in ▶ Tabelle 9.2 dargestellt [14].

Beispiele für Testfälle mit dem erweiterten `test`-Befehl:

```
[[ $HOSTNAME = SRV* ]] || echo "HOSTNAME beginnt nicht mit SRV"
```

```
[[ $(date) =~ ^Fri\ \ldots\ 13 ]] && echo "Es ist Freitag, der 13.!"
```

Operatoren	Prüft, ob ...
string1 = **string2**	die Strings gleich sind
string1 != **string2**	die Strings ungleich sind
string1 > **string2**	*string1* nach *string2* kommt
string1 < **string2**	*string1* vor *string2* kommt
`-z` **string**	die Länge von *string* null ist
`-n` **string**	die Länge von *string* ungleich null ist
integer1 `-eq` **integer2**	*integer1* gleich *integer2* ist
integer1 `-ge` **integer2**	*integer1* größer oder gleich *integer2* ist
integer1 `-gt` **integer2**	*integer1* größer als *integer2* ist
integer1 `-le` **integer2**	*integer1* kleiner oder gleich *integer2* ist
integer1 `-lt` **integer2**	*integer1* kleiner als *integer2* ist
integer1 `-ne` **integer2**	*integer1* ungleich *integer2* ist
`-f` **datei**	*datei* existiert und eine reguläre Datei ist
`-d` **datei**	*datei* existiert und ein Verzeichnis ist
`-e` **datei**	*datei* existiert
`-r` **datei**	*datei* existiert und eine Leseberechtigung gewährt wurde (siehe Kapitel 11)
`-w` **datei**	*datei* existiert und eine Schreibberechtigung gewährt wurde (siehe Kapitel 11)
`-x` **datei**	*datei* existiert und eine Ausführungsberechtigung gewährt wurde (siehe Kapitel 11)
`-O` **datei**	*datei* existiert und zur effektiven Benutzer-ID gehört
`-L` **datei**	*datei* existiert und ein weicher Link ist
ausdruck1 `-a` **ausdruck2**	sowohl *ausdruck1* als auch *ausdruck2* wahr sind
ausdruck1 `-o` **ausdruck2**	entweder *ausdruck1* oder *ausdruck2* wahr sind
`!` **ausdruck**	*ausdruck* falsch ist

Tabelle 9.1. `test`-Operationen

[[...]]	[...]	Prüft, ob ...
ausdr1 && **ausdr2**	**ausdr1** -a **ausdr2**	sowohl *ausdr1* als auch *ausdr2* wahr sind
ausdr1 || **ausdr2**	**ausdr1** -o **ausdr2**	entweder *ausdr1* oder *ausdr2* wahr ist
string = **muster** **string** == **muster**	(nicht verfügbar)	die Zeichenfolge dem Muster entspricht
string != **muster**	(nicht verfügbar)	die Zeichenfolge nicht mit dem Muster übereinstimmt
string ~ **regex**	(nicht verfügbar)	die Zeichenfolge dem regulären Ausdruck *regex* entspricht

Tabelle 9.2. Unterschiede in der Testsyntax

9.2. Bedingtes if-Konstrukt

Der zusammengesetzte if-Befehl bietet die Möglichkeit, eine Reihe von Befehlen in Abhängigkeit vom Exit-Status eines oder mehrerer Ausdrücke auszuführen, wobei ein Exit-Status von null wahr und ein Exit-Status ungleich null falsch bedeutet. Die Syntax lautet:

```
if ausdruck1
then
   befehle # die ausgeführt werden sollen, wenn ausdruck1 wahr ist
[elif ausdruck2
then
   befehle ...] # die ausgeführt werden sollen, wenn ausdruck2 wahr ist
[else
   befehle] # die ausgeführt werden sollen, wenn kein Ausdruck wahr ist
fi
```

Der Exit-Status eines if-Befehls ist der Exit-Status des zuletzt ausgeführten Befehls oder null, wenn alle Bedingungen zu falsch ausgewertet werden.

9.3. Bedingtes case-Konstrukt

Der zusammengesetzte Befehl case wird verwendet, um eine Liste von Befehlen auszuführen, indem ein Ausdruck mit einem Muster abgeglichen wird. Die Syntax lautet:

```
case ausdruck
in
muster [ | muster ...]) befehle ;;
[ ...]
[*) befehle;;]
esac
```

Damit wird der Wert von *ausdruck* mit allen aufgeführten Mustern verglichen, bis eine Übereinstimmung gefunden wird. Wenn keines der Muster übereinstimmt, wird die Liste der Befehle nach `*)` ausgeführt [14]. Der Exit-Status ist der des zuletzt ausgeführten Befehls oder null, wenn kein Muster übereinstimmt.

9.4. `while`-Schleifenstruktur

Die `while`-Schleife wird verwendet, um eine Reihe von Befehlen auszuführen, solange eine bestimmte Bedingung erfüllt ist. Die Syntax lautet:

```
while ausdruck
do
   befehle
done
```

Der Exit-Status der `while`-Schleife ist der Exit-Status des zuletzt ausgeführten Befehls aus der Liste der Befehle in *befehle*.

9.5. `until`-Schleifenkonstrukt

Die `until`-Schleife wird verwendet, um eine Reihe von Befehlen auszuführen, solange eine bestimmte Bedingung falsch ist [14]. Die Syntax lautet:

```
until ausdruck
do
   befehle
done
```

Der Exit-Status der `until`-Schleife ist der Exit-Status des zuletzt ausgeführten Befehls aus der Liste der Befehle in *befehle*.

9.6. `for`-Schleifenstruktur

Die `for`-Schleife wird verwendet, um eine Reihe von Befehlen für eine bekannte Anzahl von Malen auszuführen. Die Syntax lautet:

```
for namen [in wörter]
do
   befehle
done
```

Bei der Ausführung mit einer Liste von Wörtern iteriert die Schleife über jedes Wort [14]. Wenn `for` ohne eine Liste von Wörtern ausgeführt wird, iteriert die Schleife über die Positionsparameter (wie bei einer Verwendung von `$@` als Liste von Wörtern) [14].

Oft werden in der `for`-Schleife Zahlen als Wörter verwendet. Es gibt mehrere Möglichkeiten, eine Folge von Zahlen in einer Schleife zu durchlaufen. Dazu gehören unter anderem:

- Auflistung der Zahlen der Reihe nach, getrennt durch ein Leerzeichen (z. B. `1 2 3 4 5`).
- Angabe eines Bereichs und eines Inkrementwerts mit dem Konstrukt

  {**anfang**..**ende**..**inkrement**} (z. B. `{1..10..2}`, was gleich der Liste 1 3 5 7 9 ist). Wenn *inkrement* weggelassen wird, wird der Standardwert 1 verwendet.
- Verwendung des `seq`-Befehls, der eine Zahlenfolge von der ersten bis zur letzten Zahl in Inkrementierungsschritten ausgibt. Die `seq`-Parameter sind wie folgt angeordnet: *erste inkrement letzte*. Auf diese Weise gibt der Befehl `seq 1 3 10` die Zahlen `1 4 7 10` aus. Wenn *erste* oder *inkrement* weggelassen werden, ist der Standardwert 1.

Eine alternative Syntax der `for`-Schleife lautet:

```
for(( ausdruck1 ; ausdruck2 ; ausdruck3 ))
do
   befehle
done
```

Diese C-ähnliche Syntax bietet eine gute Möglichkeit, arithmetische Ausdrücke in einer `for`-Schleife auszuwerten [14]. Die drei durch Semikolon getrennten Teile werden separat ausgewertet und dienen als Eintrittspunkte in die Schleife. Zuerst wird *ausdruck1* als Anfangszustand ausgewertet, dann wird *ausdruck2* jedes Mal vor der Ausführung von *befehle* ausgewertet, um zu prüfen, ob die Schleife fortgesetzt werden soll, und *ausdruck3* wird nach der Ausführung von *befehle* ausgewertet, um einen Zustand (oder Parameter) zu ändern [14], falls erforderlich. Der Schleifenkörper (*befehle*) und *ausdruck3* werden so oft ausgeführt/ausgewertet, wie *ausdruck2* als wahr ausgewertet wird.

Wenn einer der Ausdrücke in der C-Stil-Syntax leer ist, wird er als wahr ausgewertet. Ein alternatives Konstrukt, das `while` verwendet, wäre [14]:

```
ausdruck1
while ausdruck2
do
   befehle
   ausdruck3
done
```

9.7. Eine Schleife mit `break` vorzeitig verlassen

Eine oder mehrere Schleifen können mit dem `break`-Befehl früher verlassen werde [10]. Die Syntax lautet:

`break` **[nummer]**

wobei *nummer* größer oder gleich 1 sein muss und angibt, wie viele umschließende Schleifen beendet werden sollen [10]. Wenn *nummer* größer als die Anzahl der Schleifen ist, werden alle Schleifen beendet. Wenn *nummer* weggelassen wird, ist ihr Wert standardmäßig 1.

9.8. `continue` in einer Schleife

Eine Schleife kann mit dem Befehl `continue` zur nächsten Iteration springen [10]. Die Syntax lautet:

`continue` **[nummer]**

wobei *nummer* größer oder gleich 1 sein muss und angibt, für wie viele umschließende Schleifen der Befehl gelten soll [10]. Wenn *nummer* größer als die Anzahl der Schleifen ist, gilt `continue` bis zur obersten Schleife. Wenn *nummer* weggelassen wird, ist ihr Wert standardmäßig 1.

Zusammenfassung

- ✓ Bedingte Konstrukte bestehen aus Befehlen zur bedingten Ausführung, während Schleifenkonstrukte Befehle für iterative Aktionen sind.
- ✓ Zusammengesetzte Befehle beginnen mit einem reservierten Wort oder Steuerungsoperator und werden durch ein reserviertes Wort oder einen Steuerungsoperator abgeschlossen.
- ✓ Der Befehl `test` wird häufig in bedingten Konstrukten und Schleifenstrukturen verwendet, um zu prüfen, ob der Ausdruck wahr oder falsch ist.
- ✓ Der zusammengesetzte Befehl `if` ist ein Befehl, der die Möglichkeit bietet, eine Reihe von Befehlen in Abhängigkeit vom Exit-Status von einem oder mehreren Ausdrücken auszuführen.
- ✓ Der zusammengesetzte Befehl `case` wird verwendet, um eine Liste von Befehlen auszuführen, indem ein Ausdruck mit einem Muster verglichen wird.
- ✓ Die `while`-Schleife wird verwendet, um eine Reihe von Befehlen auszuführen, während eine bestimmte Bedingung erfüllt ist.
- ✓ Die `until`-Schleife wird verwendet, um eine Reihe von Befehlen auszuführen, während eine bestimmte Bedingung falsch ist.
- ✓ Die `for`-Schleife wird verwendet, um eine Reihe von Befehlen für eine bekannte Anzahl von Malen auszuführen.
- ✓ Eine oder mehrere Schleifen können mit dem `break`-Befehl früher verlassen werden.
- ✓ Mit dem `continue`-Befehl wird in der Schleife zur nächsten Iteration gesprungen.

Übungen zu Kapitel 9

1. Wie lautet das Ergebnis nach Ausführung der folgenden Befehle?

a.
```
test 1 -gt 2 && echo wahr || echo falsch
```

b.
```
[ 1 -gt 2 ];echo $?
```

2. Wie lautet das Ergebnis nach nach Ausführung der folgenden Befehle?

```
if test 1 -gt 2; then
    echo "Wer haette das gedacht?! 1 ist groesser als 2"
elif test 2 -gt 3; then
    echo "Wer haette das gedacht?! 2 ist groesser als 3"
else
    echo "Nein! 1 ist nicht groesser als 2 und 2 ist nicht groesser als 3"
fi
```

3. Schreiben Sie ein Skript, das zwei Parameter übernimmt – eine Zeichenkette und eine ganze positive Zahl. Wenn die Anzahl der Dateien im Homeverzeichnis des Benutzers, deren Namen mit der Zeichenkette übereinstimmt, größer ist als die Zahl, dann sendet das Skript eine entsprechende Nachricht an den Benutzer.

4. Wenn das aktuelle Verzeichnis die folgenden Dateien enthält:

```
a.out
abcd
checkFiles.sh
changeUserPerm.sh
exec.c
list
sequence
waitAndCheck.sh
```

und die Datei *abcd* das folgende Skript:

```
#!/bin/bash
x=`ls *t | wc -l`
if test $x -gt 2
then
    x=3
fi
echo $x
```

wie lautet dann das Ergebnis nach dem Ausführen des *abcd*-Skripts?

5. Schreiben Sie ein Skript mit dem `case`-Befehl, das den Benutzer auffordert, zwischen »ja« und »nein« zu wählen und eine entsprechende Meldung mit seiner Wahl auf die Standardausgabe zu schreiben. Beispiel-Prompt: `Moechten Sie fortfahren [j/n]?`

6. Schreiben Sie ein Skript, das eine `while`-Schleife verwendet, um den Benutzer wiederholt aufzufordern, eine Zeichenfolge auf die Standardausgabe zu schreiben, und ihn nach jeder Eingabe zu fragen, ob er fortfahren möchte.

7. Wie lautet das Ergebnis, nachdem das folgende Skript ausgeführt wurde?

```
#!/bin/bash
str="a"
echo "Der Anfangswert von str ist $str"
until [ "$str" = "a a a a a" ]
do
    echo $str
    str="$str a"
done
```

8. Schreiben Sie ein Skript, das die Zahlen von 1 bis 5 ausgibt:

a. mit regulärer `for`-Schleife

b. mit `for`-Schleife im C-Stil

9. Die Datei *parameter-erweitert_1.sh* enthält das Skript

```
#!/bin/bash
echo -e "\nMit \"\$*\":"
for each in "$*"
do
    echo Parameter \"$each\"
done
```

und die Datei *parameter-erweitert_2.sh* das Skript

```
#!/bin/bash
echo -e  "\nMit \"\$@\":"
for each in "$@"
do
    echo Parameter \"$each\"
done
```

Angenommen, die beiden Skripte werden mit den gleichen Parametern ausgeführt:

```
bash parameter-erweitert_1.sh "Dies ist der erste Satz." "Dies ist ein zweiter
    Satz."
```

```
bash parameter-erweitert_2.sh "Dies ist der erste Satz." "Dies ist ein zweiter
    Satz."
```

Unterscheiden sich die Ergebnisse und wenn, warum?

10. Das folgende Skript gibt die Namen aller Dateien im aktuellen Verzeichnis aus, die nicht regulär sind. Sind in dem Skript Fehler enthalten?

```
#!/bin/bash
for $datei in `ls`
do
    if ! test -f $datei
    then echo $datei
    fi
done
```

11. Wie lautet das Ergebnis nach Ausführung des folgenden Skripts?

```
#!/bin/bash
anfang=5
for i in {$anfang..10}
    do echo $i
done
```

12. Schreiben Sie ein Skript, das genau einen Parameter – den Namen eines existierenden Verzeichnisses – übernimmt und auf der Standardausgabe die Zahlen von 2 bis zur Anzahl der Dateien im Verzeichnis mit einem Inkrementierungsschritt ausgibt, der von der Standardeingabe gelesen wird.

13. Angenommen, es ist kein `ls`-Befehl verfügbar. Schreiben Sie ein Skript, das die Dateien im aktuellen Verzeichnis auflistet.

14. Schreiben Sie ein Skript, das drei Parameter übernimmt – zwei Zeichenketten und eine positive ganze Zahl. Wenn die erste Zeichenkette ein Verzeichnisname ist, soll das Skript alle darin enthaltenen regulären Dateien, deren Größe kleiner ist als die eingegebene Zahl, in ein Verzeichnis mit dem Namen der zweiten Zeichenkette verschieben.

15. Wenn das Verzeichnis */tmp* die folgenden Dateien enthält:

```
a.out
alabala
listzfiles.c
maze.c
music
print.c
quiz
task13
Zombie.c
```

wie lautet dann das Ergebnis nach dem Ausführen des folgenden Skripts?

```
#!/bin/bash
for i in /tmp/*c
do
    echo $i >> /tmp/files
done
countf=`grep z /tmp/files | wc -l`
echo $countf
```

16. Schreiben Sie ein Skript, das genau zwei Parameter übernimmt – die Namen von Verzeichnissen. Wenn das erste Verzeichnis Leseberechtigung und das zweite Verzeichnis Schreibberechtigung hat, dann soll die Prozedur alle regulären Dateien mit Lese- und Schreibberechtigungen aus dem ersten Verzeichnis in das zweite Verzeichnis kopieren.

17. Schreiben Sie ein Skript, das genau zwei Parameter übernimmt – einen Nachrichtenstring und den Namen einer Datei, die Benutzernamen enthält. Das Skript soll die Nachricht an alle Benutzer in der Datei senden, die gerade im System angemeldet sind.

18. Wenn die Datei *program13.sh* das folgende Skript enthält:

```
#!/bin/bash
for var
do
    if test $var -ge 2
        then echo $var
    fi
done
if ! test $# -eq 5
    then echo 4
else echo 2
fi
```

wie lautet dann das Ergebnis nach dem Ausführen der folgenden Befehlszeile?

```
bash program13.sh 1 2 4 5
```

19. Wie lautet das Ergebnis nach der Verwendung des Skripts aus Übung **18.** und Ausführung der folgenden Befehlszeile?

```
bash program13.sh 4 2 1 3
```

20. Wenn die Datei *meinProgramm.sh* das folgende Skript enthält:

```
#!/bin/bash
if [ -z $1 ]
then echo $2
else echo $#
fi
for i
do
    if [ $i -lt 3 ]
    then echo $4
    fi
done
```

wie lautet dann das Ergebnis nach dem Ausführen der folgenden Befehlszeile?

```
bash meinProgramm.sh 4 2 1 3
```

21. Wie lautet das Ergebnis nach dem Ausführen des folgenden Skripts?

```
#!/bin/bash
for i in x y
do
    set $i
done
var=`echo $@`
shift
if [ -n "$var" ]; then
    false
else
    true
fi
echo $?
echo $var
echo $*
```

22. Was und wohin schreibt jeder echo-Befehl im folgenden Skript?

```
#!/bin/bash
for var in 1 2 3
do
    echo $var >> datei
list=`grep 1 datei`
echo $list > datei2
until cat datei2 | grep 2 > /dev/null
do
    echo 2 >> datei2
done
echo $list
```

23. Schreiben Sie ein Skript, das die Nachricht, dass das System in 10 Minuten heruntergefahren wird, an alle angemeldeten Benutzer sendet.

24. Schreiben Sie ein Skript, das einen nichtleeren Parameter – den Namen eines Verzeichnisses – übernimmt und alle .txt-Dateien in diesem Verzeichnis in .text umbenennt.

25. Wie lautet das Ergebnis nach dem Ausführen des folgenden Skripts?

```
#!/bin/bash
for i in 1 2 3 4 5 6 7 8 9 10
do
  if [ $i -eq 5 ]
  then
    break
  fi
  echo "$i"
done
```

26. Wenn die Datei *meinGeheimnis.sh* das folgende Skript enthält:

```
#!/bin/bash
echo $1 > datei
if ! test -z $4
then
    for i
    do
        echo $i >> datei
    done
    echo $3
else
    until false
    do
        echo Endloszyklus
        break
    done
    echo $1
fi
echo $2
cat datei
read rvar
until cat datei | grep $rvar
do
    set $3 2
    echo `grep $2 datei`
    exit
    echo Zyklus beendet
done
set $4 $3 2
echo `grep $1 datei`
```

```
echo vor Ende
exit
echo Ende
```

wie lautet dann das Ergebnis nach dem Ausführen der folgenden Befehlszeile

```
bash meinGeheimnis.sh 1 2 3 4
```

und dem folgenden Einlesen von der Standardeingabe?

```
2
```

27. Schreiben Sie ein Skript, das genau einen Parameter übernimmt – eine positive ganze Zahl. Das Skript soll alle 30 Sekunden prüfen, wie viele Terminals laufen, und wenn deren Anzahl größer wird als der eingegebene Parameter, soll das Skript beenden und die Meldung `Es werden zu viele Terminals verwendet. Bitte schliessen Sie mindestens ein Terminal` an alle Benutzer senden, die mehr als einmal angemeldet sind.

28. Wie lautet das Ergebnis nach dem Ausführen des folgenden Skripts?

```
for i in 1 2 3 4 5 6 7 8 9 10
do
  if [ $i -eq 5 ]
  then
    continue
  fi
  echo "$i"
done
```

Jetzt einloggen
& besser lernen.

Lernen wo und wann immer Sie wollen

Prüfungen effizient vorbereiten

Komplexe Inhalte leichter verstehen

mehr als
11 Mio.
Studenten weltweit
lernen besser mit Pearson MyLab

Wecken Sie das Potenzial, das in Ihnen steckt!

Mehr als 11 Millionen Studenten weltweit lernen schon heute besser mit Pearson MyLab. Warum nicht auch Sie? Loggen Sie sich doch gleich ein und nutzen Sie alle Vorteile Ihres Labs!

Sie haben sich noch nicht registriert? Infos zur kostenfreien Registrierung finden Sie vorne in diesem Buch!

Arithmetische Ausdrücke und Stringmanipulation

ÜBERBLICK 10

In diesem Kapitel werden die Befehle `expr` und `let` sowie die arithmetische Expansion mit Doppelklammern für die Arbeit mit ganzen Zahlen in Bash vorgestellt. Außerdem erhalten Sie einen Überblick über eine Reihe von integrierten Operationen zur Stringmanipulation. «

Variablen werden in der Shell standardmäßig als Strings, d. h. als Zeichenfolgen oder -ketten behandelt, was die Auswertung von arithmetischen Ausdrücken in Unix nicht gerade intuitiv macht. Es gibt mehrere Möglichkeiten, mathematische Ausdrücke auszuwerten, wobei die meisten davon nur für Integer-Arithmetik gedacht sind [14]. Zu diesen gehören unter anderem die Befehle `expr` und `let` sowie die arithmetische Expansion mit Doppelklammern

10.1. Der Befehl `expr`

Eine veraltete und etwas umständliche Methode [10], arithmetische Ausdrücke mit ganzen Zahlen in Bash auszuwerten, ist der Befehl `expr`. Seine Syntax lautet:

`expr` **arithmetischer_ausdruck**

wobei *arithmetischer_ausdruck* eines der in ► Tabelle 10.1 gezeigten Konstrukte sein kann [10] (weitere finden Sie in den Manpages).

Ausdruck	Operation
argument1 + **argument2**	Addition
argument1 - **argument2**	Subtraktion
argument1 * **argument2**	Multiplikation
argument1 / **argument2**	Division
argument1 % **argument2**	Modulus

Tabelle 10.1. Arithmetische Ausdrücke für `expr`

Die Leerzeichen zwischen Operator und seinen Argumenten sind obligatorisch [10]. Jedes Argument kann durch einen Ausdruck ersetzt werden. Es ist möglich, mithilfe von Klammern Ausdrücke zu gruppieren und die Rangfolge von Operatoren zu ändern.

Hinweis: Vor einigen Operatoren sollte ein Escapezeichen stehen oder sie sollten in Anführungszeichen gesetzt werden, wie der Multiplikationsoperator und die Klammern.

Zum Beispiel:

```
expr \( 5 + 4 \) \* 3
```

10.2. Der Befehl `let`

`let` ist ein in Bash integrierter Befehl für die Integer-Arithmetik und stellt eine intuitivere Alternative zu `expr` dar. Die Dokumentation zu diesem Befehl kann mit der folgenden Befehlszeile aufgerufen werden:

```
bash -c "help let"
```

Die Syntax des `let`-Befehls lautet:

`let` **ausdruck1 [ausdruck2 ...]**

Er kann einen oder mehrere arithmetische Ausdrücke auf Shell-Variablen auswerten. Einige häufig verwendete Ausdruckskonstrukte sind in ▶ Tabelle 10.2 aufgeführt [10]. (Für weitere Informationen geben Sie `help let` im Terminal ein.)

Ausdruck	Operation
argument1 + argument2	Addition
argument1 - argument2	Subtraktion
argument1 * argument2	Multiplikation
argument1 / argument2	Division
argument1 % argument2	Modulus
argument++	Postinkrement
argument--	Postdekrement
++argument	Präinkrement
--argument	Prädekrement
variable=value	Variablenzuweisung

Tabelle 10.2. Arithmetische Ausdrücke für `let`

Auch hier können die Argumente Ausdrücke sein und Klammern können verwendet werden, um Ausdrücke zu gruppieren und die Rangfolge der Operatoren zu ändern.

Im Gegensatz zu `expr` sollten in `let` keine Leerzeichen zwischen dem Operator und den Argumenten eingefügt werden, es sei denn, sie sind durch Escapezeichen als solche gekennzeichnet. Es ist auch nicht notwendig, den Operator `$` zu verwenden, um den Wert einer Variablen abzufragen [3].

Wenn der letzte Ausdruck zu 0 ausgewertet wird, gibt der Befehl einen Exit-Status von 1 zurück. Wenn der letzte Ausdruck zu einem Wert ungleich null ausgewertet wird, ist der Exit-Status von `let` 0.

10.3. Doppelklammern und arithmetische Expansion

Ein arithmetischer Ausdruck in Bash wird am häufigsten mithilfe von Doppelklammern ausgewertet. Die Syntax lautet:

`((` **ausdruck** `))`

Dieses Konstrukt verwendet die gleichen Operatoren und funktioniert genauso wie der `let`-Befehl [3], nur dass es Leerzeichen zulässt, ohne dass Escapezeichen verwendet werden müssen.

Das Auswertungsergebnis eines Ausdrucks in Doppelklammern kann direkt verwendet werden, indem ein $-Zeichen vor der öffnenden Klammer hinzugefügt wird [3]:

`$((` **ausdruck** `))`

Das nennt man arithmetische Expansion oder arithmetische Substitution [3]. Es gibt eine veraltete Syntax, von deren Verwendung abzuraten ist:

`$[` **ausdruck** `]`

10.4. Manipulation von Strings

Bash bietet eine ganze Reihe von integrierten Operationen zur Stringmanipulation. Einige davon sind Teil der Funktionalität des `expr`-Befehls, während andere eine Teilmenge der verfügbaren Operationen zur Parametererweiterung sind.

Einige der Operationen zur Stringmanipulation, die `expr` bietet, sind in ► Tabelle 10.3 aufgeführt [1].

Ausdruck	Operation
`length` **string**	Gibt die Länge von *string* zurück.
`index` **string zeichenklasse**	Liefert den Index des ersten Vorkommens eines Zeichens aus *zeichenklasse* in *string*. Wenn kein solches Vorkommen existiert, gibt der Befehl 0 zurück. Die Indexzählung beginnt bei 1.
`substr` **string position länge**	Gibt einen Teilstring von *string* ab Indexposition mit maximaler *länge* zurück. Es wird ein Nullstring zurückgegeben, wenn *position* oder *länge* negativ oder nicht numerisch sind.

Tabelle 10.3. Operationen zur Stringmanipulation

Operationen zur Manipulation von Strings können mit der Parametererweiterung durchgeführt werden, was bedeutet, dass diese Operationen für die Arbeit mit Variablen und Skriptparametern ausgelegt sind und nicht direkt auf Strings arbeiten. In ► Tabelle 10.4 sind einige der Manipulationen aufgeführt, die von der Funktionalität der Parametererweiterung geboten wird [14].

Parametererweiterung	Definition
${**#var**}	Äquivalent zu `expr length` *string*. Gibt die Länge des Wertes von *var* als String zurück. Die Variable kann durch @ oder * ersetzt werden, um mit Positionsparametern zu arbeiten.
${**var:position**}	Gibt einen Teilstring von *$var* an *position* zurück. Die Variable kann durch @ oder * ersetzt werden, um mit Positionsparametern zu arbeiten.
${**var:position:länge**}	Gibt einen Teilstring von *$var* mit *länge* an *position* zurück. Äquivalent zu `expr substr` *string position länge*.
${**var#teilstring**}	Entfernt die kürzeste Übereinstimmung mit *teilstring* vom Anfang von *$var*.
${**var##teilstring**}	Entfernt die längste Übereinstimmung mit *teilstring* vom Anfang von *$var*.
${**var%teilstring**}	Entfernt die kürzeste Übereinstimmung mit *teilstring* vom Ende von *$var*.
${**var%%teilstring**}	Entfernt die längste Übereinstimmung mit *teilstring* vom Ende von *$var*.
${**var/teilstring/ ersatz**}	Ersetzt die erste Übereinstimmung mit *teilstring* durch *ersatz*.
${**var//teilstring/ ersatz**}	Ersetzt **alle** Übereinstimmungen mit *teilstring* durch *ersatz*. Wenn *ersatz* ein leerer String ist, können wir den letzten Schrägstrich weglassen.
${**var/#teilstring/ ersatz**}	Wenn *teilstring* mit dem Anfang von *$var* übereinstimmt, dann wird er durch *ersatz* ersetzt.
${**var/%teilstring/ ersatz**}	Wenn *teilstring* mit dem Ende von *$var* übereinstimmt, dann wird er durch *ersatz* ersetzt.

Tabelle 10.4. Stringmanipulation mittels Parametererweiterung

> **Hinweis: In allen Operationen zum Entfernen von Teilstrings kann *teilstring* ein Muster sein.**

Zusammenfassung

- ✓ Variablen in der Shell werden standardmäßig als Strings behandelt.
- ✓ Eine veraltete Möglichkeit, arithmetische Ausdrücke mit ganzen Zahlen in Bash auszuwerten, ist der Befehl `expr`.
- ✓ `let` ist ein in Bash integrierter Befehl für die Integer-Arithmetik, der eine intuitivere Alternative zu `expr` darstellt.
- ✓ Im Gegensatz zu `expr` sollten bei `let` keine Leerzeichen zwischen dem Operator und den Argumenten eingefügt werden, es sei denn, davor stehen Escapezeichen.
- ✓ Die gängigste Art, einen arithmetischen Ausdruck in Bash auszuwerten ist die Verwendung von Doppelklammern.
- ✓ Das Ergebnis einer Doppelklammerauswertung kann direkt verwendet werden, indem `$` vor der öffnenden Klammer hinzugefügt wird.
- ✓ Der Befehl `expr` kann auch für Operationen zur Stringmanipulation verwendet werden.
- ✓ Operationen zur Stringmanipulation können mit einer Parametererweiterung durchgeführt werden, d. h., sie arbeiten mit Variablen und Skriptparametern, nicht direkt mit Strings.

Übungen zu Kapitel 10

1. Wie lautet das Ergebnis nach Ausführung der folgenden Ausdrücke?

a.
```
expr 4 + 8 / 2
```
b.
```
expr 3 - 5 % 2
```
c.
```
expr 3 \* 4 / 2
```
d.
```
let a=(17+2)*9; echo $a
```
e.
```
let "b = 171 % 7"; echo $b
```
f.
```
((a = (5 + 4)*13)); echo $a
```
g.
```
((b = 117 % 12)); echo $b
```
h.
```
a=$(( (32+6)*9 )); echo $a
```
i.
```
b=$((342 % 5)); echo $b
```

2. Schreiben Sie ein Skript, das einen Verzeichnisnamen als Parameter übernimmt. Wenn kein Verzeichnisname angegeben wird, verwendet das Skript standardmäßig das Verzeichnis `HOME`. Das Skript sollte alle regulären Dateien aus dem Verzeichnis in das aktuelle Arbeitsverzeichnis kopieren und ihre Anzahl als Meldung auf die Standardausgabe schreiben.

3. Schreiben Sie ein Skript, das eine Liste von Integerzahlen als Parameter übernimmt und die Quadratzahl jeder dieser Zahlen auf die Standardausgabe schreibt.

4. Schreiben Sie ein Skript, das eine Liste von Parametern übernimmt. Wenn es sich bei dem Parameter um einen Integer handelt, schreibt das Skript seine Quadratzahl auf die Standardausgabe, andernfalls wird eine entsprechende Meldung angezeigt, dass das Argument keine ganze Zahl ist.

5. Schreiben Sie ein Skript, das eine ganze Zahl *num* als Parameter übernimmt und alle Zahlen zwischen *num* und 0 ausgibt.

6. Schreiben Sie ein Skript, das mehrere Benutzernamen als Parameter übernimmt, die Benutzernamen derjenigen Benutzer ausgibt, die aktuell im System angemeldet sind, sowie die Anzahl der übrig gebliebenen.

7. Wenn die Datei *neueBerechnung.sh* das folgende Skript enthält:

```
#!/bin/bash
if ! test $#  -eq 3
then
    var=3
else
    var=1
fi
for i
do
    sum=`expr 1 + $i`
    if test "$i" != "2"
    then var=`expr $var \* $sum`
    fi
done
echo $var
```

wie lautet dann das Ergebnis nach Ausführen der folgenden Befehlszeile?

```
bash neueBerechnung.sh 0 1 2 3
```

8. Schreiben Sie ein Skript, das eine Zahl als alleinigen Parameter übernimmt. Wenn die Anzahl der Dateien im aktuellen Verzeichnis größer ist als die eingegebene Zahl, fordert das Skript den Benutzer auf, einen Verzeichnisnamen einzugeben und verschiebt einige der Dateien aus dem aktuellen Verzeichnis in das Leseverzeichnis, sodass die Anzahl der Dateien im aktuellen Verzeichnis gleich der eingegebenen Zahl wird.

9. Wie sieht die Ausgabe nach Ausführung der folgenden Befehle aus?

```
count=0
for var in a b c d
do
    set $var
done
echo $1 $2 $3 $4
var=`echo $*`
echo $var
for each
do
    echo $each > eachfile
    count=`expr $count + 1`
done
cat eachfile
shift
echo $count $#
if [ $# -eq 3 ]
then
    set c d
    echo $#
else
    set a b
    echo $@
fi
until cat eachfile | grep "S1"
do
    echo count=$count $1
    exit
done
echo end
```

10. Schreiben Sie ein Skript, das alle positiven ungeraden Zahlen bis tausend ausgibt, die durch 5, 13 oder 17 teilbar sind.

11. Wenn die Datei *meinProgramm.sh* das folgende Skript enthält:

```
#!/bin/bash
count=0
for  i in 8 7 6 5 4
do  for  j
    do  if test $i   -gt  $#
        then    count=`expr $count  +  $i`
                echo $i $count   >>  regdatei
        else    while true
                do  echo $*
                  break 3
                done
        fi
    done
done
read  v1 v2
while  cat regdatei | grep $v1
do  set $v2 $count
    shift
    echo loop $2 $1 $i $j
    exit
    echo end block
done
echo Das Programmende
```

wie lautet dann das Ergebnis nach dem Ausführen der folgenden Befehlszeile

```
bash meinProgramm.sh a b c d e
```

und dem folgenden Einlesen von der Standardeingabe?

```
1 2
```

12. Wenn die Datei *meinProgramm.sh* das folgende Skript enthält:

```
#!/bin/bash
count=0
count=`expr $count + $2`
for i
do
    set 1 2 3
    shift
    for j
    do
        if test $j -lt $i
        then
            count=`expr $count \* $1`
            echo $count $i $j >> regulaeredatei
        else
            count=`expr $count + $2`
            echo $i $count $j >> regulaeredatei
        fi
    done
    echo $*
    break
done
echo $@
read v1 v2
cat regulaeredatei
```

```
until cat regulaeredatei | grep $v2
do  echo $#
    grep $2 regulaeredatei
    exit
done
echo Programmende
```

wie lautet dann das Ergebnis nach dem Ausführen der folgenden Befehlszeile:

```
bash meinProgramm1 3 4 5
```

und dem folgenden Einlesen von der Standardeingabe?

```
3 4
```

13. Wie lautet das Ergebnis nach dem Ausführen der folgenden Befehlszeilen?

a.
```
expr index "unix system" system
```

b.
```
expr index "unix system" asu
```

c.
```
expr substr "unix system" 6 6
```

d.
```
expr substr "unix system" 4 5
```

e.
```
expr substr unix 1 3
```

14. Wie lautet das Ergebnis nach dem Ausführen der folgenden Befehlszeilen?

a.
```
var="test string"; echo ${#var}
```

b.
```
var="test string"; position=3; echo ${var:position}
```

c.
```
var="test string"; position=5; laenge=3; echo ${var:position:laenge}
```

d.
```
var=testString12345testString; echo ${var#t*S}
```

e.
```
var=testString12345testString; teilstring='t*S'; echo ${var##$teilstring}
```

f.
```
var=testString12345testString; echo ${var%S*g}
```

g.
```
var=testString12345testString; teilstring='S*g'; echo ${var%%$teilstring}
```

h.
```
var=testString12345testString; echo ${var/String/Befehl}
```

i.
```
var=testString12345testString; echo ${var//String/Befehl}
```

j.
```
var=testString12345testString; echo ${var/#test/new}
```

k.
```
var=testString12345testString; echo ${var/%String/Befehl}
```

15. Schreiben Sie das Äquivalent zu der folgenden Stringmanipulation mit dem Befehl expr:

```
var=testString12345testString; position=6; echo ${var:position}
```

16. Schreiben Sie unter Verwendung der Parametererweiterung eine Befehlszeile, um alle Positionsparameter ab dem dritten Parameter auszugeben.

17. Schreiben Sie ein Skript, das den Benutzer auffordert, einen Dateinamen mit einer beliebigen Erweiterung einzugeben. Das Skript schreibt dann den Basisnamen der Datei und ihre Erweiterung getrennt in die Standardausgabe.

18. Schreiben Sie ein Skript, das einen vorhandenen Verzeichnisnamen als Parameter übernimmt und die Erweiterung aller .wtf-Dateien in diesem Verzeichnis in .odt ändert.

19. Schreiben Sie ein Skript, das zwei Strings als Parameter übernimmt. Das Skript liest dann von der Standardeingabe einen String namens *text_string* ein, findet alle Vorkommen des ersten Parameterstrings in *text_string* und ersetzt ihn durch den zweiten Parameterstring. Wenn *text_string* kein Leerstring ist, sollte das Skript den bearbeiteten Text in einer neuen Datei mit dem Namen *bearbeiteter_text.txt*, speichern, andernfalls sollte eine entsprechende Meldung auf der Standardausgabe ausgegeben werden.

20. Schreiben Sie ein Skript, das den längsten und den kürzesten Benutzernamen im System findet.

Dateisicherheit

ÜBERBLICK

11

» Dieses Kapitel behandelt die Dateisicherheit und die verschiedenen Arten von Zugriffsberechtigungen, die festlegen, von wem und wie auf Dateien zugegriffen werden kann. Außerdem wird erklärt, wie die standardmäßigen und aktuellen Zugriffsberechtigungen einer Datei angezeigt und geändert werden können. «

Linux ist ein Mehrbenutzer-Betriebssystem. Um die Benutzer voreinander zu schützen, bietet das System Dateizugriffsrechte. Jede Datei verfügt über drei Sätze von Berechtigungen, die auf Eigentümerschaft basieren [13] (► Tabelle 11.1). Außerdem enthält jeder Berechtigungssatz die Definition von drei verschiedenen Zugriffsberechtigungen [14](► Tabelle 11.2).

Berechtigungssatz	Geltungsbereich
Eigentümer	Die Berechtigungen gelten für den Eigentümer der Datei.
Gruppe	Berechtigungen gelten für die Gruppe, die der Datei zugewiesen wurde.
Andere	Die Berechtigungen gelten für alle anderen Benutzer, die nicht Eigentümer der Datei oder Teil der Datei-Gruppe sind.

Tabelle 11.1. Berechtigungssätze

Berechtigung	Beschreibung
lesen	Ermöglicht dem Benutzer, den Inhalt der Datei zu lesen.
schreiben	Ermöglicht dem Benutzer, den Inhalt der Datei zu ändern.
execute	Erlaubt dem Benutzer, die Datei auszuführen. Wenn es sich bei der Datei um ein Verzeichnis handelt, kann ein Benutzer mit dieser Berechtigung dessen Inhalt anzeigen.

Tabelle 11.2. Zugriffsberechtigungen

Eine einfache Möglichkeit, die Berechtigungen einer Datei anzuzeigen, ist die Verwendung des Befehls `ls`; das heißt, die folgende Befehlszeile

```
ls -l
```

gibt die Berechtigungen aller Dateien im aktuellen Arbeitsverzeichnis aus. Eine Beispielausgabe für eine Datei namens *berechtigung_datei* könnte so aussehen:

```
-rwxrw-r-- 1 ich meinegruppe 17 Dec 15 11:47 berechtigung_datei
```

Die Berechtigungen werden als String `rwxrw-r--` in der ersten Spalte angezeigt, wo auch angegeben ist, um welchen Typ es sich bei der Datei handelt (siehe Kapitel 5). Nach den Berechtigungen steht in der zweiten Spalte eine Zahl, die anzeigt, wie viele harte Links auf dieselben Daten zeigen (siehe Kapitel 6). Die folgenden beiden Spalten enthalten die Namen von Eigentümer und Gruppe der Datei. Im Beispiel lauten der Eigentümer `ich` und die Gruppe `meinegruppe`. Alle Gruppen im System sind in der Datei */etc/group* aufgelistet [14]. Die nächste Spalte zeigt die Größe der Datei an, gefolgt von Datum und Uhrzeit der letzten Änderung der Datei. Die Ausgabezeile wird mit dem Namen der Datei abgeschlossen.

Die vom Befehl `ls -l` angezeigten Berechtigungen können in drei Gruppen unterteilt werden, die jeweils aus drei Zeichen bestehen. Die ersten drei Zeichen definieren die Berechtigungen des Eigentümers, die zweiten drei Zeichen die Berechtigungen der Gruppe und die letzten drei Zeichen die Berechtigungen aller anderen Benutzer. Jede Berechtigung wird durch einen Buchstaben oder einen Strich dargestellt (Tabelle 11.3). Wenn ein Buchstabe verwendet wird, ist die Berechtigung erlaubt, und wenn ein Strich verwendet wird, ist die Berechtigung deaktiviert [13].

Berechtigungszeichen	Berechtigung
`r`	lesen (*read*)
`w`	schreiben (*write*)
`x`	ausführen (*execute*)
`-`	keine Berechtigung

Tabelle 11.3. Berechtigungszeichen

11.1. Der Befehl `chmod`

Die Dateiberechtigungen können mit dem Befehl `chmod` geändert werden. Seine Syntax lautet:

`chmod` **modus datei**

wobei der *Modus* symbolisch oder numerisch sein kann.

Im *symbolischen Modus* wird für jeden Berechtigungssatz ein spezielles Symbol verwendet (► Tabelle 11.4). Wenn im symbolischen Modus ein Symbol für den Berechtigungssatz weggelassen wird, werden die Berechtigungen des entsprechenden Satzes nicht geändert, es sei denn, alle Berechtigungssatzsymbole werden weggelassen [14].

Symbol	Berechtigungssatz
`u`	Eigentümer (*owner*)
`g`	Gruppe (*group*)
`o`	Andere (*others*)
`a` (oder kein Zeichen)	alle Berechtigungssätze

Tabelle 11.4. Berechtigungssätze `chmod`

Auf das Berechtigungssatzsymbol folgt einer der Operatoren aus ► Tabelle 11.5 und danach eine oder mehrere Berechtigungen (► Tabelle 11.3).

Die Berechtigungen mehrerer Berechtigungssätze können gleichzeitig geändert werden, indem beim Ausführen von `chmod` ein Komma zwischen den einzelnen symbolischen Modi verwendet wird. Es sollten keine Leerzeichen zwischen den einzelnen Modi stehen.

Der *numerische Modus* besteht normalerweise aus drei Ziffern und wird zum Ändern aller Berechtigungssätze verwendet. Die einzelnen Ziffern definieren die Berechtigungen von

Operator	Definition
+	Berechtigung(en) hinzufügen
-	Berechtigung(en) entfernen
=	Berechtigung(en) zuweisen

Tabelle 11.5. Operatoren für Berechtigungssatzsymbole

Eigentümer, Gruppe und den anderen Benutzern, und zwar in dieser Reihenfolge. Diese Ziffern haben Dezimalwerte von 0 bis 7. Jeder Dezimalwert weist alle drei Berechtigungen in einem Satz zu. Ihre binäre Darstellung wird verwendet, um eine Berechtigung zu aktivieren oder zu deaktivieren, wobei 1 für aktiviert und 0 für deaktiviert steht. Die Berechtigungen werden in der folgenden Reihenfolge festgelegt – Lesen, Schreiben, Ausführen. Wenn z. B. die Berechtigungen Lesen und Ausführen (r-x) für einen der Berechtigungssätze festgelegt werden sollen, werden sie binär zu 101 konvertiert, was in Dezimalzahlen einer 5 entspricht.

11.2. Die Befehle `chown` und `chgrp`

Der Eigentümer und/oder die Gruppe einer Datei kann mit dem Befehl `chown` geändert werden. Seine Syntax lautet:

`chown` **[eigentümer][`:`[gruppe]] datei**

Wenn nur der Eigentümer angegeben wird, wird die Gruppe nicht geändert. Wenn auf den Eigentümer ein Doppelpunkt und eine Gruppe folgen, werden beide geändert. Zwischen Eigentümer, Doppelpunkt und Gruppe sollten keine Leerzeichen stehen. Wenn auf den Eigentümer nur ein Doppelpunkt folgt, werden der Eigentümer und die Gruppe geändert. Die Gruppe der Datei wird in die Anmeldegruppe des Eigentümers geändert. Wenn nur ein Doppelpunkt angegeben wird oder Eigentümer, Doppelpunkt und Gruppe weggelassen werden, wird weder der Eigentümer noch die Gruppe geändert. Wenn der Eigentümer weggelassen wird und ein Doppelpunkt und die Gruppe angegeben werden, wird nur die Gruppe geändert.

Die Gruppe der Datei kann auch mit dem Befehl `chgrp` geändert werden. Die Syntax dafür lautet:

`chgrp` **gruppe datei**

11.3. Der Befehl `umask`

Jede neu erstellte Datei hat Standardberechtigungen, die durch eine Maske definiert sind [10]. Die Maske kann ausgegeben und mit dem Befehl `umask` geändert werden. Seine Syntax lautet:

`umask` **[modus]**

Übungen zu Kapitel 11

1. Legen Sie direkt nach der Anmeldung am System eine Datei mit dem Namen *berechtigung_datei* in Ihrem Homeverzeichnis an und ändern Sie deren Berechtigungen über die Befehlszeile:

```
chmod 777 home/meinnutzer/berechtigung_datei
```

Sind Sie auf irgendwelche Probleme gestoßen?

2. Was ist der Unterschied zwischen Ausführungsberechtigungen für eine reguläre Datei und für ein Verzeichnis?

3. Wie werden die Berechtigungen durch Ausführen der folgenden Befehlszeilen geändert?

a.
```
chmod u+x berechtigung_datei
```

b.
```
chmod u+r,g+x berechtigung_datei
```

c.
```
chmod u-rx berechtigung_datei
```

d.
```
chmod a+w berechtigung_datei
```

e.
```
chmod o= berechtigung_datei
```

4. Ändern Sie die Berechtigungen von *berechtigung_datei* für alle Berechtigungsgruppen auf drei verschiedene Arten in jeweils nur einer Befehlszeile. Der Eigentümer, die Gruppe und alle anderen Benutzer sollen Lese- und Schreibberechtigungen erhalten.

5. Ändern Sie die Berechtigungen von *berechtigung_datei* mithilfe des symbolischen Modus von 640 auf 644. Verwenden Sie Kombinationen aus Hinzufügen/Entfernen von Berechtigungen und Ändern aller Berechtigungen.

6. Ändern Sie die Gruppe von *berechtigung_datei* auf zwei verschiedene Arten.

7. Ändern Sie die Berechtigungen von *berechtigung_datei* auf r–r–r– auf drei verschiedene Arten.

8. Ändern Sie die Berechtigungen Ihres Homeverzeichnisses so, dass es absolut privat ist und kein anderer Benutzer darauf zugreifen kann. Danach stellen Sie die vorherigen Berechtigungen des Verzeichnisses wieder her.

9. Ändern Sie den Eigentümer und die Gruppe der Datei *berechtigung_datei* mit einem Befehl.

10. Schreiben Sie ein Skript, das zwei Verzeichnispfade als Parameter übernimmt. Wenn die Anzahl der Dateien mit C-Code in diesen beiden Verzeichnissen mehr als 20 beträgt, soll das Skript eine Datei im aktuellen Verzeichnis erstellen, die die Namen aller Quelldateien enthält. Die neue Datei sollte nur Leseberechtigung für alle Benutzer haben. Wenn die Anzahl kleiner oder gleich 20 ist, sollte das Skript eine entsprechende Meldung ausgeben.

11. Ändern Sie die Standardberechtigungen so, dass jede neu erstellte reguläre Datei die folgenden Berechtigungen hat:

a. 664

b. 640

c. 644

d. 666

12. Ändern Sie die Standardberechtigungen so, dass jedes neu erstellte Verzeichnis die folgenden Berechtigungen hat:

a. 500

b. 777

c. 753

d. 775

13. Ändern Sie die Standardberechtigungen so, dass beim Ausführen der Befehlszeile

```
chmod +r berechtigung_datei
```

die Leseberechtigungen nicht für alle Berechtigungsgruppen geändert werden.

14. Berechnen Sie die Berechtigungen im numerischen Modus:

a. Der Eigentümer hat Lese-, Schreib- und Ausführungsberechtigungen. Gruppe hat Lese- und Schreibberechtigungen. Andere Benutzer haben Leseberechtigung.

b. Der Eigentümer hat Lese- und Ausführungsberechtigungen. Gruppe hat Schreib- und Ausführungsberechtigungen.

c. Der Eigentümer hat Lese- und Schreibberechtigungen.

15. Schreiben Sie, wie eine Dateiberechtigung nach Ausführung des `ls`-Befehls angezeigt wird, nachdem sie geändert wurde in:

a. 777

b. 755

c. 700

d. 666

e. 640

f. 400

16. Schreiben Sie ein Skript, das zwei Parameter übernimmt – einen Dateinamen und einen String, der aus 9 Symbolen besteht (`---------`). Der zweite String repräsentiert die Berechtigungen, wie sie vom Befehl `ls` angezeigt werden. Das Skript prüft, ob eine Datei mit dem angegebenen Namen und den Berechtigungen existiert, und verschiebt sie dann in das Homeverzeichnis des aktuellen Benutzers. Andernfalls gibt es eine Meldung `Falsche Eingabeparameter` aus.

17. Schreiben Sie ein Skript, das drei Parameter übernimmt – einen Dateinamen, ein Zeichen (`u` oder `g`) und einen String (bestehender Benutzername oder Gruppenname). Wenn der zweite Parameter `u` ist, ändert das Skript den Eigentümer der Datei mit dem String. Wenn der zweite Parameter `g` ist, ändert das Skript die Gruppe der Datei mit dem String. Stellen Sie sicher, dass das Skript nur mit einer korrekten Eingabe arbeitet.

18. Schreiben Sie ein Skript, das zwei Dateinamen als Parameter übernimmt. Das Skript ändert die Berechtigungen der ersten Datei so, dass sie mit den Berechtigungen der zweiten Datei übereinstimmen. Verwenden Sie nicht die `chmod`-Option `--reference`.

19. Schreiben Sie ein Skript, das zwei Parameter übernimmt – einen Verzeichnisnamen und einen String für den numerischen Modus. Das Skript ändert die Berechtigungen aller regulären Dateien in diesem Verzeichnis mit dem angegebenen numerischen Modus.

20. Schreiben Sie ein Skript, das genau drei Parameter übernimmt – einen Dateinamen, einen Benutzernamen und einen Gruppennamen. Das Skript prüft, ob der Eigentümer der Datei mit dem angegebenen Benutzernamen übereinstimmt. Wenn ja, ändert es den Eigentümer und die Gruppe der Datei auf einen Benutzer und eine Gruppe, die von der Standardeingabe gelesen werden. Ist der Eigentümer ein anderer, dann ändert die Prozedur den Eigentümer der Datei auf `root` und die Gruppe der Datei auf die als dritter Parameter angegebene Gruppe.

21. Schreiben Sie ein Skript, das einen Parameter übernimmt – den Namen einer Datei, die Benutzernamen enthält. Das Skript erstellt eine Datei mit Lese- und Schreibberechtigungen nur für den Eigentümer und kopiert diejenigen Benutzernamen aus der Eingabedatei, die derzeit nicht im System angemeldet sind.

Mit Prozessen arbeiten

ÜBERBLICK

12

In diesem Kapitel werden einige der gängigsten Methoden zur Interaktion mit Prozessen vorgestellt. Dazu gehört die Auflistung aktuell laufender Prozesse und wie die Listenausgabe formatiert wird, was Interrupt-Signale sind und wie man Signale an Prozesse sendet. «

Einfach ausgedrückt ist ein Prozess die laufende Instanz eines Programms. Das moderne Unix ist ein Multitasking-Betriebssystem, das heißt, es simuliert, dass es mehr als einen Prozess gleichzeitig ausführen kann. Wie viele Prozesse gleichzeitig ausgeführt werden können, hängt von der Anzahl der Prozessoren des Rechners ab, auf dem das Betriebssystem läuft. Um Multitasking zu erreichen, haben die Prozesse mehrere Zustände (Status), die mit dem Befehl ps eingesehen werden können [8].

12.1. Der Befehl ps

Mit dem Befehl ps kann eine Liste aller aktuell laufenden Prozesse angezeigt werden [14]. Seine Syntax lautet:

ps **[optionen]**

Bei Ausführung ohne Optionen listet der Befehl die Prozesse des aktuellen Benutzers und des Terminals auf [14]:

```
PID TTY           TIME CMD
1017 pts/0    00:00:00 bash
1262 pts/0    00:00:00 ps
```

Dabei steht PID für die Prozess-ID, TTY für das Prozessterminal, TIME für die CPU-Nutzungszeit und CMD für den Namen des Prozesses [14].

Mit dem Befehl ps können Sie den Status eines Prozesses überprüfen. Normalerweise wird der Status in einer STAT- oder S-Spalte angezeigt und kann eine Folge von Zeichen sein. Die gebräuchlichsten Statuscodes sind in ► Tabelle 12.1 aufgeführt [14].

Status	Definition
R	Prozess läuft (*ready* oder *running*).
S	Prozess schläft (*sleeping*).
D	Prozess befindet sich in einem ununterbrechbaren Schlaf (*deep sleeping*). Prozess wartet normalerweise auf E/A.
T	Prozess wurde angehalten (*traced*). Der Prozess hat ein Signal zum Anhalten erhalten.
Z	Prozess ist ein Zombie, d. h. ein beendeter Kindprozess, der noch existiert und nicht von seinem Elternprozess bereinigt wurde.
<	Prozess mit hoher Priorität. Dem Prozess wird mehr CPU-Zeit gewährt.
N	Prozess mit niedriger Priorität. Der Prozess erhält erst nach den Prozessen mit hoher Priorität Prozessorzeit.

Tabelle 12.1. Verschiedene Status eines Prozesses

Eine der häufig verwendeten Kombinationen von ps-Optionen, die alle laufenden Prozesse im System auflistet, ist aux [14]. Diese und andere gängige Optionen sind in ► Tabelle 12.2 definiert.

Option	Definition
a	Listet alle Prozesse auf, die ein Terminal (TTY) haben, oder alle Prozesse, die in Kombination mit der Option x verwendet werden.
u	Listet die Prozesse in benutzerfreundlichem Format auf.
x	Listet alle Prozesse des aktuellen Benutzers auf oder alle Prozesse, wenn sie in Kombination mit der Option a verwendet werden.
-e	Listet alle Prozesse auf, einschließlich der von den anderen Benutzern.
-o	Listet Informationen auf, die sich auf eine durch Leerzeichen oder Kommata getrennte Liste von Schlüsselwörtern beziehen (`user`, `command`, `com`, `pid`, `ppid` etc.). Jedes Schlüsselwort hat einen Standard-Header, der mit dem Gleichheitszeichen und dem neuen Text des Headers überschrieben werden kann (schlüsselwort=<neuer-header>). Wenn <neuer-header> ein leerer String ist (z. B. `-o user=`), wird keine Headerzeile ausgegeben.
-f	Ähnlich wie bei Verwendung der Option u. Kann mit anderen Optionen kombiniert werden, um zusätzliche Spalten hinzuzufügen.

Tabelle 12.2. Beliebte ps-Optionen

12.2. Der Befehl `top`

Eine weitere einfache Möglichkeit, alle Prozesse im aktuellen System aufzulisten, ist die Verwendung des Befehls `top`. Seine Syntax lautet:

`top` **[optionen]**

Der Befehl `top` zeigt eine Liste der Systemprozesse an [14] und aktualisiert sie laufend, normalerweise sortiert nach PID (oder nach einem anderen Sortierschlüssel, sofern festgelegt).

12.3. Der Befehl `kill`

Prozesse können miteinander kommunizieren, indem sie einander Signale (Software-Interrupt-Ereignisse) senden. Der `kill`-Befehl wird verwendet, um Signale an einen Prozess zu senden. Seine Syntax lautet:

`kill` **[optionen] [pid ...]**

Standardmäßig beendet der Befehl `kill` die Ausführung eines gegebenen Prozesses [14]:

`kill` **pid**

Auf diese Weise wird die Ausführung des Prozesses sanft beendet und das Programm kann vorher noch Aufräumarbeiten durchführen.

Wenn beim Beenden eines Prozesses mit einem einfachen `kill`–Befehl ein Problem auftritt, kann der Prozess mit Gewalt beendet werden, indem das `KILL`-Signal beim Ausführen des

Befehls hinzugefügt wird [14]. In diesem Fall wird die Kontrolle über das Beenden des Prozesses nicht an das ausführende Programm, sondern an den Systemkernel übergeben:

`kill -KILL` **pid**

Alle Signale haben entsprechende Nummern, die in der Befehlszeile anstelle ihres Namens verwendet werden können [14]. Die entsprechende Nummer des `KILL`-Signals ist 9:

```
kill -9 740
```

Alle verfügbaren Signale können mit der Option `-l` des `kill`-Befehls aufgelistet werden [14].

Tastenkürzel für Signale

Einige Signale haben entsprechende Tastenkürzel. Beispiele finden Sie in ► Tabelle 12.3 [14].

Tastenkürzel	Definition
STRG+Z	Sendet das TSTP-Signal (Terminal Stop) an den aktuell laufenden Vordergrundprozess, wodurch der Prozess seine Ausführung unterbricht.
STRG+C	Sendet ein INT-Signal (Interrupt) an den aktuell laufenden Vordergrundprozess, wodurch der Prozess beendet wird.

Tabelle 12.3. Tastenkürzel für Signale

Zusammenfassung

- ✓ Ein Prozess ist eine laufende Instanz eines Programms.
- ✓ Eine Liste aller aktuell laufenden Prozesse kann mit dem Befehl `ps` angezeigt werden.
- ✓ Mit dem Befehl `ps` können Sie den Status eines Prozesses überprüfen.
- ✓ Eine weitere einfache Möglichkeit, alle Prozesse im aktuellen System aufzulisten, ist die Verwendung des Befehls `top`.
- ✓ Prozesse können miteinander kommunizieren, indem sie einander Signale senden (Software-Interrupt-Ereignisse).
- ✓ Der `kill`-Befehl wird verwendet, um Signale an einen Prozess zu senden.
- ✓ Standardmäßig beendet der Befehl `kill` die Ausführung eines gegebenen Prozesses.
- ✓ Alle Signale haben entsprechende Nummern, die in der Befehlszeile anstelle ihres Namens verwendet werden können.
- ✓ Alle verfügbaren Signale lassen sich mit der Option `-l` des Befehls `kill` auflisten.
- ✓ Einige Signale können über Tastenkürzel gesendet werden, wie z. B. die Signale Terminal Stop und Interrupt.

Übungen zu Kapitel 12

1. Definieren Sie, was ein Prozess ist.

2. Welches ist Ihr aktuelles TTY?

3. Was erreichen Sie mit folgendem Befehl?

```
kill -KILL pid
```

4. Listen Sie alle Signale auf, die mit dem `kill`-Befehl verwendet werden können.

5. Schreiben Sie ein Skript, das einen String als Parameter übernimmt und die Liste aller laufenden Prozesse im System in einer Datei mit dem gleichen Namen wie den angegebenen String speichert und deren Berechtigungen so ändert, dass alle Benutzer Lese- und Schreibberechtigungen haben.

6. Schreiben Sie ein Skript, das eine PID als Parameter übernimmt und prüft, ob ein Prozess mit dieser ID gerade im System läuft und eine entsprechende Meldung auf der Standardausgabe ausgibt.

7. Schreiben Sie eine einzelne Befehlszeile, die alle vom aktuellen Benutzer gestarteten Prozesse anzeigt.

8. Führen Sie folgenden Befehl aus:

```
sleep 20
```

9. Führen Sie folgenden Befehl aus:

```
sleep 20
```

   Verwenden Sie ein Tastenkürzel zusammen mit STRG, um den Prozess zu beenden, und prüfen Sie mit dem `ps`-Befehl, ob der Prozess beendet ist.

10. Schreiben Sie eine Befehlszeile, die die Anzahl der Prozesse im System nach Benutzer auflistet.

11. Schreiben Sie eine Befehlszeile, die die Anzahl der Prozesse des `root`-Benutzers ausgibt.

12. Schreiben Sie eine Befehlszeile, die die Benutzer mit laufenden Prozessen im System auflistet.

13. Schreiben Sie eine Befehlszeile, die die Anzahl der laufenden Prozesse für den Befehl `cat` ausgibt.

14. Schreiben Sie ein Skript, das eine PID als Parameter übernimmt und den mit der angegebenen PID verbundenen Befehl ausgibt.

15. Schreiben Sie ein Skript, das genau drei Parameter übernimmt – zwei Integer und einen Benutzernamen. Wenn die Anzahl der vom gegebenen Benutzer ausgeführten Prozesse zwischen dem ersten und zweiten Parameter liegt, sollte das Skript eine entsprechende Nachricht an alle angemeldeten Benutzer senden und die Überprüfung alle 30 Minuten durchführen.

16. Erklären Sie, was passiert, wenn das folgende Skript ausgeführt wird.

```
if [ $# -eq 3 ]
then
  for i in $@
  do
    datei=`locate $i`
    sort $datei
done
else
psc=`ps | wc -l`
while test $psc -lt 7
do
  for j in `users`
    do
      echo `ps aux | grep $j`
    done
done
fi
```

Funktionen und Arrays

13

ÜBERBLICK

» In diesem Kapitel werden Funktionen vorgestellt und es wird beschrieben, wie sie definiert und aufgerufen werden. Es gibt außerdem einen Überblick über die beiden Arten von Arrays in Bash und erklärt, wie Sie Arrays erstellen, Werte zuweisen und darauf zugreifen. «

13.1. Funktionen

Wie andere Programmier- und Skriptsprachen erlaubt Bash die Verwendung von Funktionen – eine Folge von Operationen, die in einem Codeblock zusammengefasst sind und mehrfach aufgerufen werden können.

Funktionen werden auf zwei Arten definiert:

```
function funktion_name {
   befehl
   [...]
}
```

oder

```
funktion_name() {
   befehl
   [...]
}
```

Beachten Sie, dass in der zweiten Syntax die geschweiften Klammern nur der Dekoration dienen, sie werden nicht zur Übergabe von Argumenten an die Funktion verwendet.

Vor dem ersten Aufruf der Funktion muss ihre Definition erfolgen [10]. Eine Funktion wird genau wie ein Befehl aufgerufen, und zwar durch Aufruf ihres Namens [10]. Die allgemeine Syntax lautet:

funktion_name [parameter1 parameter2 ...]

Die Übergabe von Parametern an eine Funktion ist identisch mit der Übergabe von Parametern an einen Befehl [10].

Zum Beispiel:

```
#!/bin/bash
gruss_funktion() {
echo "Hallo, $1!"    # $1 repraesentiert den ersten Parameter,
                     # mit dem die Funktion aufgerufen wurde
}

gruss_funktion "John Smith"  # Diese Zeile gibt "Hallo,
                             # John Smith!" an stdout aus
```

In Bash kann eine Funktion lediglich einen Exit-Status zurückgeben – null für eine erfolgreiche oder ungleich null für eine fehlgeschlagene Ausführung. Der Exit-Status einer Funktion ist der, der von ihrer letzten Anweisung zurückgegeben wird, oder der Wert, der durch eine explizite `return`-Anweisung angegeben wird.

Standardmäßig sind alle Variablen in einem Skript globale Variablen. Das Arbeiten mit globalen Variablen ist oft sehr fehleranfällig. Es gibt eine einfache Möglichkeit, eine Variable als lokal für eine gegebene Funktion zu definieren. Setzen Sie einfach das Schlüsselwort `local` direkt vor die Definition [14].

Eine weitere nützliche Eigenschaft der Funktionen in Bash ist, dass es erlaubt ist, einer Funktion den gleichen Namen wie einem Befehl zu geben und auf diese Weise einen Wrapper für diesen Befehl zu erstellen. Hier ein Beispiel:

```
#!/bin/bash
date() {
  command date +%m/%d/%Y\ %H:%M:%S
}

date    # Dieser Aufruf gibt das aktuelle Datum im Format aus,
        # das von obiger Funktion spezifiziert wurde
```

> **Hinweis: Das Schlüsselwort `command` ist beim »Überschreiben« eines Befehls wichtig. Es teilt der Shell mit, dass sie den Befehl `date` aufrufen soll statt die Funktion date. Das Weglassen von `command` führt zu einer endlosen Rekursion der Funktion.**

13.2. Arrays

Bash unterstützt nur indizierte und assoziative Arrayvariablen mit einer Dimension. Es gibt weder eine Begrenzung hinsichtlich der Größe eines Arrays noch Anforderungen, die einzelnen Elemente eines Arrays (Membervariablen) kontinuierlich zu indizieren (oder zuzuweisen) [3].

Indizierte Arrays verwenden in der Regel positive ganze Zahlen als Schlüssel. Das erste Element eines Arrays hat wie in anderen Programmier- und Skriptsprachen den Index 0 [3]. Es gibt mehrere Möglichkeiten, ein indiziertes Array zu deklarieren.

Deklaration mit Verbundzuweisungen:

array_name=([index_nummer1]=wert1 [index_nummer2]=wert2 ... [index_nummerN]=wertN)

[index_nummerN]= ist optional und *index_nummer* kann ein arithmetischer Ausdruck sein, der zu einer positiven Zahl ausgewertet werden muss.

Beispiele für Verbundzuweisungen bei indizierten Arrays:

```
array_eins=(eins zwei drei vier)    # das Nullelement ist "eins", das zweite ist "
    zwei" etc.
array_zwei=([0]=eins [3]=vier)      # das Nullelement ist "eins", das vierte Element
    ist "vier"
```

Definition eines leeren indizierten Arrays:

array_name=()

Indirekte Deklaration eines indizierten Arrays:

array_name[index_nummer]=wert

Dies wird verwendet, um eine Membervariable hinzuzufügen oder zu ändern. Wenn das Array nicht existiert, wird es erstellt. Auch in diesem Fall kann *index_nummer* ein arithmetischer Ausdruck sein, der zu einer positiven Zahl ausgewertet werden muss [3].

Explizite Deklaration eines indizierten Arrays:

`declare -a` **array_name**

wobei `declare` ein integrieter Bash-Befehl ist.

Assoziative Arrays verwenden beliebige nichtleere Strings als Schlüssel [3]. Sie assoziieren Schlüssel-Wert-Paare, was bedeutet, dass sie immer ungeordnet sind. Assoziative Arrays können ebenfalls auf verschiedene Arten deklariert werden.

Deklaration über Verbundzuweisungen:

array_name=([**string1**] =**wert1** [**string2**] =**wert2 ...**
[**stringN**] =**wertN**)

Hier ist *[stringN]=* obligatorisch.

Beispiel für Verbundzuweisung bei einem assoziativen Array:

```
array=([eins]=1 [zwei]=2 [vier]=4)
```

Explizite Deklaration eines assoziativen Arrays:

`declare -A` **array_name**

Arraywerte

Die übliche Verwendung von Arrays umfasst Operationen mit deren Elementen. Beispiele für die Referenzierung von Arraywerten finden Sie in ► Tabelle 13.1 [3].

Syntax	Definition
${**array_name**[**index_nummer**]}	Expandiert zu einem Wert in einem indizierten Array.
${**array_name**[**string**]}	Expandiert zu einem Wert in einem assoziativen Array.
${**array_name**[*]} ${**array_name**[@]}	Beide expandieren zu allen Elementen in *array_name*.
"${**array_name**[*]}"	Expandiert zu allen Elementen in *array_name*, dargestellt als einzelnes Wort.
"${**array_name**[@]}"	Expandiert zu allen Elementen in *array_name*, dargestellt als einzelne Wörter.
${**array_name**[*]:**position**:**länge**} ${**array_name**[@]:**position**:**länge**}	Beide expandieren zu *länge* Elementen von *array_name*, beginnend mit dem Element an *position*.
"${**array_name**[*]:**position**:**länge**}"	Expandiert zu *länge* Elementen in *array_name*, beginnend mit dem Element an *position*, dargestellt als ein einzelnes Wort.
"${**array_name**[@]:**position**:**länge**}"	Expandiert zu *länge* Elementen in *array_name*, beginnend mit dem Element an *position*, dargestellt als einzelne Wörter.
${#**array_name**[**index_nummer**]}	Expandiert zur Länge eines bestimmten Arraymembers an Index *index_nummer*.
${#**array_name**[**string**]}	Expandiert zur Länge eines bestimmten assoziativen Arraymembers mit dem Schlüssel *string*.
${#**array_name**[@]} ${#**array_name**[*]}	Expandiert zu der Anzahl der Elemente des Arrays.
${!**array_name**[@]} ${!**array_name***]}	Expandiert zu allen Indizes des Arrays.
unset -v **array_name**[@] unset -v **array_name** unset -v **array_name**[*]	Löscht das Array.
unset -v **array_name**[**index_nummer**]	Löscht das Element mit dem Index *index_nummer*.
unset -v **array_name**[**string**]	Löscht das Element mit dem Schlüssel *string*.

Tabelle 13.1. Arraywerte referenzieren

Zusammenfassung

- ✓ Eine Funktion ist ein Satz von Operationen, zusammengefasst in einem Codeblock, der mehrfach aufgerufen werden kann.
- ✓ Die Definition muss vor dem ersten Aufruf der Funktion erfolgen.
- ✓ Eine Funktion wird genau wie ein Befehl über ihren Namen aufgerufen.
- ✓ Die Übergabe von Parametern an eine Funktion entspricht der Übergabe von Parametern an einen Befehl.
- ✓ Der Exit-Status einer Funktion ist der Exit-Status, der von ihrer letzten Anweisung zurückgegeben wird, oder der Wert, der durch eine explizite `return`-Anweisung angegeben wird. Dieser ist bei einer erfolgreichen Ausführung null bzw. bei einer fehlgeschlagenen Ausführung ungleich null.
- ✓ Bash unterstützt nur indizierte und assoziative Arrayvariablen mit einer Dimension.
- ✓ Indizierte Arrays verwenden in der Regel positive Integer als Schlüssel. Das erste Element eines Arrays hat den Index 0.
- ✓ Assoziative Arrays verwenden beliebige, nichtleere Strings als Schlüssel und assoziieren Schlüssel-Wert-Paare, d. h., sie sind immer ungeordnet.

Übungen zu Kapitel 13

1. Wie lautet das Ergebnis nach dem Ausführen des folgenden Skripts?

```
#!/bin/bash
sum() {
ergebnis=0
if [[ $# < 1 ]]
then
    return 1
fi
for each
do
  let ergebnis+=$each
done
}

sum 1 2 3 4 5
echo "Exit-Status von sum: $?"
echo "sum: $ergebnis"

sum
echo "Exit-Status von sum: $?"
echo "Summe: $ergebnis"
```

2. Was ist das Ergebnis nach dem Ausführen des folgenden Skripts?

```
#!/bin/bash
sum() {
local ergebnis=0

if [[ $# < 1 ]]
then
return 1
fi

for each
do
  let ergebnis+=$each
done

echo  $ergebnis
}

var=$(sum 12 3)
echo "Variable ergebnis: $result"
echo "Summe: $var"
```

3. Schreiben Sie eine *ls*-Funktion, die eine detaillierte Liste der Dateien im Arbeitsverzeichnis ausgibt, einschließlich der versteckten Dateien.

4. Deklarieren Sie ein Array mit den folgenden Elementen: »Dies«, »ist«, »deine«, »erste Übung«. Durchlaufen Sie die Elemente des Arrays in einer Schleife und geben Sie jedes Element in einer neuen Zeile aus. Hinweis: Achten Sie darauf, dass die Leerzeichen in den Elementen erhalten bleiben.

5. Deklarieren Sie ein Array mit der folgenden Sequenz von Elementen: »Bilde «, »aus «, »mir «, »einen «, »Satz.«, »Aus mir «, »auch, «, »bitte!«. Geben Sie die beiden Sätze im Array einzeln aus.

6. Schreiben Sie ein Skript, das eine Liste von Dateinamen als Parameter übernimmt. Für jede Datei sollte das Skript ihre Bytegröße ausgeben oder eine entsprechende Nachricht, wenn die Datei keine reguläre Datei ist. Hinweis: Verwenden Sie mindestens eine Funktion.

7. Deklarieren Sie ein assoziatives Array, das die E-Mail-Adressen einer Liste von Studenten enthält, wobei jeder Student durch eine Immatrikulationsnummer repräsentiert wird. Zum Beispiel:

   fn00001 tgeorgiev@fmi.uni-sofia.bg
   fn00002 divanova@fmi.uni-sofia.bg
   fn00003 ppetrov@fmi.uni-sofia.bg
   fn00004 mdimitrova@fmi.uni-sofia.bg
   fn00005 tsstoyanov@fmi.uni-sofia.bg

   Geben Sie dann die E-Mail-Adresse des Studenten fn00003 aus.

8. Verwenden Sie das Array aus Übung 7. und fügen Sie ihm folgende E-Mail-Adresse neu hinzu:

   fn00045 bmladenova@fmi.uni-sofia.bg

   Geben Sie anschließend das gesamte Array aus, um sicherzugehen, dass die E-Mail-Adresse hinzugefügt wurde.

9. Verwenden Sie das Array aus Übung 8. und geben Sie alle Immatrikulationsnummern im Array aus.

10. Verwenden Sie das Array aus Übung 8. und geben Sie den Inhalt des Arrays in lesbarer Form aus. Zum Beispiel:

    <Immatrikulationsnummer>: <e-mail>

11. Verwenden Sie das Array aus Übung 8.. Entfernen Sie die E-Mail-Adresse von fn00002 und versuchen Sie dann, das Array auszugeben, um sicherzustellen, dass sie entfernt wurde.

12. Verwenden Sie das Array aus Übung 8.. Schreiben Sie eine Funktion, die prüft, ob das Array eine E-Mail-Adresse für eine bestimmte Immatrikulationsnummer enthält. Verwenden Sie die Funktion, um zu prüfen, ob die folgenden Immatrikulationsnummern E-Mail-Adressen im Array haben:

    fn00021
    fn00004

    Zeigen Sie eine entsprechende Nachricht für jede überprüfte Immatrikulationsnummer an.

13. Wie lautet das Ergebnis nach dem Ausführen des folgenden Skripts?

```
#!/bin/bash
function cal {
    if test $1 -eq 1
    then
        return $1
    fi
    cal $(( $1 - 1 ))
```

```
    return `expr $1 \* $?`
}

cal 4
echo $?
```

14. Schreiben Sie ein Skript, das rekursiv den ggT (größten gemeinsamen Teiler) von zwei eingegebenen Integer-Parametern berechnet. Vergessen Sie nicht, dass der erste Parameter größer sein kann als der zweite und umgekehrt.

15. Schreiben Sie ein Skript, das hilft, wenn ein Benutzer aus dem System entfernt werden soll. Es sollte einen Parameter übernehmen, und zwar den Namen des zu entfernenden Benutzers. Das Skript soll ein Verzeichnis von der Standardeingabe lesen und dann rekursiv prüfen, ob es eine Datei enthält, deren Eigentümer der angegebene Benutzer ist. Für jede dieser Dateien soll das Skript fragen, ob die Datei zu entfernen ist oder beibehalten werden soll, indem ihr Eigentümer auf einen von der Standardeingabe eingelesenen Benutzer geändert wird. Nachdem das Skript alle Dateien in einem gegebenen Verzeichnis in einer Schleife durchlaufen hat, sollte es ein anderes Verzeichnis lesen und hier genauso vorgehen. Das Skript sollte enden, wenn ein leerer Verzeichnisname angegeben wird.

16. Schreiben Sie ein Skript, das eine PID als Parameter übernimmt. Das Skript soll eine Nachricht ausgeben, wenn ein Prozess mit der angegebenen PID läuft. Fügen Sie dem Skript eine Funktion namens *beschreibung* hinzu, die in einer Ausgabe erklärt, wie die Prozedur funktioniert. Die Funktion soll aufgerufen werden, wenn die Anzahl der Eingabeparameter falsch ist oder kein Prozess mit der angegebenen PID gefunden wird.

17. Wenn eine Datei *ArrayProgramm.sh* das folgende Skript enthält:

```
#!/bin/bash
declare -A arr
x=0
arr=([1]=5 [2]=6 [3]=7)
for i in "${arr[@]}"
do
    for j
    do
        if test $# -gt $j
        then
            x=`expr $x + $i`
            echo $((x*2))
        else
            continue
            echo $i
        fi
    done
    break
done
```

wie lautet die Ausgabe nach Ausführung der folgenden Befehlszeile?

```
bash ArrayProgramm 2 3 4 5
```

18. Gegeben sei eine Datei *Matrix.sh*, die das folgende Skript enthält:

```
#!/bin/bash
declare -A matrix
for i in 1 2 3
do
    for j in 1 2
    do
        matrix[$i, $j]=1
        echo -n ${matrix[$i, $j]}
    done
    echo
done
```

Erklären Sie, was das Skript bei der Ausführung macht.

19. Schreiben Sie ein Skript, das eine Matrix (2D-Array) mit zwei Zeilen und drei Spalten erzeugt. Jedes Element der Matrix soll die Summe aus seinem Zeilen- und Spaltenindex sein. Geben Sie die Matrix in 2D aus.

20. Schreiben Sie ein Skript, das eine Matrix (2D-Array) bestehend aus drei Zeilen und drei Spalten erzeugt und die Matrix dreht. Verwenden Sie eine Funktion für die Implementierung der Drehung.

C-Programmierung: Systemfunktionen zum Arbeiten mit Dateien

ÜBERBLICK

14

» Dieses Kapitel führt in die Arbeit mit Dateien im Rahmen der C-Programmierung unter Unix ein. Dazu gehören die C-Systemfunktionen zum Öffnen, Erstellen und Schließen einer Datei sowie zum Lesen von und Schreiben in eine Datei. Außerdem wird erklärt, wie Sie beim Schreiben eines C-Systemprogramms mit Fehlern umgehen. «

Für die C-Programmierung unter Unix gibt es zum Arbeiten mit Dateien mehrere C-Systemfunktionen, die als Dateizugriffsprimitive (bzw. Low-Level-Funktionen) bezeichnet werden. Die Implementierung dieser Funktionen beruht auf dem Konzept, dass eine Datei eine Folge von null oder mehr Bytes ist. Sie sind Teil des POSIX-Standards und daher nicht in ANSI C zu finden.

Wenn eine Datei von einem Prozess in einem Unix-System geöffnet oder erstellt wird, sind damit drei Dinge verbunden, die in ► Tabelle 14.1 erläutert werden [15].

Dateiattribut	Definition
Dateideskriptor	Ein nichtnegativer Integer, der zur Identifizierung der Datei in Betriebssystemaufrufen verwendet wird. Er wird aus einer Tabelle der verfügbaren Dateideskriptoren ausgewählt. Der Dateideskriptor ist nur mit der Datei verknüpft, solange die Datei geöffnet ist, und wird nach dem Schließen der Datei freigegeben, damit er von anderen Dateien verwendet werden kann. Ein Dateideskriptor ist prozesslokal, d. h., zwei identische Dateideskriptoren können mit zwei verschiedenen Dateien in verschiedenen Prozessen verknüpft sein.
Aktueller Dateioffset	Auch Dateiversatz oder Dateizeiger genannt, der in Bytes den Offset vom Anfang der Datei angibt. Er wird als Cursor verwendet, während mit der Datei gearbeitet wird. Wenn eine Datei das erste Mal geöffnet wird, zeigt der Zeiger normalerweise auf den Anfang der Datei (und hat den Wert 0).
Dateistatus-Flags	Integerwert, der angibt, ob die Datei zum Lesen, Schreiben, Synchronisieren usw. geöffnet ist.

Tabelle 14.1. Dateiattribute

Das Öffnen einer Datei kann sehr flexibel sein; dies bedeutet:

- Verschiedene Prozesse können dieselbe Datei öffnen und erhalten jeweils einen eigenen Dateideskriptor und einen eigenen Dateioffset.
- Ein einzelner Prozess kann dieselbe Datei mehrmals öffnen und erhält jedes Mal einen anderen Dateideskriptor und Dateioffset.

Für Standardeingabe, Standardausgabe und Standardfehler eines Prozesses sind drei Dateideskriptoren reserviert. Das ist eine Konvention der Unix-Shells, nicht des Kernels (► Tabelle 14.2) [15].

Datei	Dateideskriptor	Symbolische Konstante in POSIX
Standardeingabe	0	STDIN_FILENO
Standardausgabe	1	STDOUT_FILENO
Standardfehler	2	STDERR_FILENO

Tabelle 14.2. Reservierte Dateideskriptoren

14.1. Datei öffnen

Eine Datei kann durch den Aufruf der Funktion *open* geöffnet oder erstellt werden. Ihre Deklaration lautet wie folgt:

```
#include <sys/types.h>
#include <sys/stat.h>
#include <fcntl.h>

int open(const char *pfadname, int flags [, mode_t mode]);
```

Die Funktion liefert einen Dateideskriptor zurück, wenn sie die Datei erfolgreich öffnet, und −1, wenn dabei ein Fehler auftritt [15]. Die Funktion nimmt die folgenden Argumente entgegen:

- *pfadname*: der absolute (oder relative) Pfad zu der Datei, die geöffnet oder erstellt werden soll;
- *flags*: die Dateistatus-Flags (► Tabelle 14.3);
- *modus*: die Dateiberechtigungen, die beim Erstellen einer Datei verwendet werden; dieses Argument ist optional.

Flag	Verwendung
O_RDONLY	Wird verwendet, um eine Datei nur zum Lesen zu öffnen.
O_WRONLY	Wird verwendet, um eine Datei nur zum Schreiben zu öffnen.
O_RDWR	Wird verwendet, um eine Datei zum Lesen und Schreiben zu öffnen.
O_CREAT	Wird verwendet, um eine Datei zu erstellen, wenn sie nicht vorhanden ist. Dazu muss das Argument *modus* vorhanden sein.
O_EXCL	Wird nur zusätzlich zu O_CREAT verwendet. Stellt sicher, dass die Funktion einen Fehler zurückgibt, wenn die Datei existiert.
O_TRUNC	Wird verwendet, um die Datei zu leeren (ihre Länge auf 0 zu kürzen), sofern die Datei existiert und eine reguläre Datei ist, die zum Schreiben geöffnet wurde.
O_APPEND	Wird verwendet, um die Datei im Anfügemodus zu öffnen, d. h., der Dateioffset wird bei jedem Schreibvorgang an das Ende der Datei verschoben.

Tabelle 14.3. Dateistatus-Flags

Die Funktion *open* gibt die niedrigste verfügbare Zahl als Dateideskriptor zurück. Das garantiert, dass eine Datei, die direkt nach dem Schließen der Standardeingabe (normalerweise mit dem Dateideskriptor 0) geöffnet wird, 0 als Dateideskriptor erhält [15].

In den meisten Implementierungen können O_RDONLY, O_WRONLY und O_RDWR durch 0, 1 bzw. 2 ersetzt werden, um die Kompatibilität zu älteren Programmen zu gewährleisten [15]. Beim Aufruf der *open*-Funktion sollte eines dieser drei Flags verwendet werden. Sie können mit anderen Flags durch bitweises ODER (|) kombiniert werden.

Das Argument *modus* definiert die Berechtigungen, die zu verwenden sind, wenn eine neue Datei mit *open* erstellt wird. Dieses Argument ist obligatorisch, wenn in *flags* `O_CREAT` gesetzt wurde [15]. Die Angabe eines Werts für *modus* ist ähnlich wie das Ändern der Berechtigungen einer Datei mit `chmod`. Um z. B. eine Datei mit Lese- und Schreibberechtigungen für den Eigentümer und nur Leseberechtigungen für alle anderen zu erstellen, kann *open* wie folgt aufgerufen werden:

```
open("irgendeinedatei.txt", O_RDWR | O_CREAT, 0644);
```

Eine Datei kann auch mit der Funktion *creat* erstellt werden. Ihre Deklaration lautet wie folgt:

```
#include <fcntl.h>

int creat(const char *pfadname, mode_t mode);
```

Ähnlich wie bei *open* gibt die Funktion einen Dateideskriptor zurück, wenn sie die Datei erfolgreich erstellt hat, und −1, wenn ein Fehler auftritt [15]. Wenn die Datei bereits existiert, wird sie geleert. Tatsächlich entspricht *creat* damit der Funktion *open*, deren Flags auf `O_CREAT | O_WRONLY | O_TRUNC` gesetzt wurden [15]. Aus diesem Grund wird von der Verwendung von *creat* abgeraten.

14.2. Datei schließen

Jede geöffnete Datei sollte am Ende geschlossen werden. Die Funktion dazu heißt *close* und ihre Deklaration lautet wie folgt:

```
#include <unistd.h>

int close(int fd);
```

Die Funktion übernimmt einen Dateideskriptor als Argument und »schließt« eine Datei, d. h., sie teilt dem System mit, dass der Dateideskriptor *fd* freigegeben werden soll, damit er wieder zur Verfügung steht. Im Erfolgsfall gibt die Funktion 0 zurück, bei einem Fehler −1 [15]. Wenn ein Prozess beendet wird, werden alle geöffneten Dateien ebenfalls automatisch geschlossen [15].

14.3. Lesen aus und Schreiben in eine Datei

Wenn eine Datei geöffnet wird, wird sie normalerweise zum Lesen, Schreiben oder für beides geöffnet. Die Funktion zum Lesen aus einer Datei heißt *read*. Ihre Deklaration lautet wie folgt:

```
#include <unistd.h>

ssize_t read(int fd, void *buf, size_t count);
```

Die Funktion nimmt drei Argumente entgegen:

- *fd*: den Dateideskriptor (*file descriptor*) einer geöffneten Datei;
- *buf*: Puffer, in dem die gelesenen Bytes abgelegt werden;
- *count*: die maximale Anzahl der Bytes, die die Funktion lesen soll.

Die Funktion gibt −1 zurück, wenn ein Fehler auftritt, oder die Anzahl der eingelesenen Bytes, die nach *buf* kopiert werden, oder 0, wenn versucht wird, vom Ende der Datei zu lesen. Die Anzahl der aus einer regulären Datei eingelesenen Bytes in *buf* kann kleiner als *count* sein, wenn das Ende der Datei erreicht wird, bevor die in *count* angegebene Anzahl von Bytes gelesen wurde [15].

Die Funktion zum Schreiben in eine Datei lautet *write*. Sie wird folgendermaßen deklariert:

```
#include <unistd.h>

ssize_t write(int fd, const void *buf, size_t count);
```

Wie *read* übernimmt *write* drei Argumente:

- *fd*: den Dateideskriptor einer geöffneten Datei;
- *buf*: Puffer, in dem die zu schreibenden Bytes abgelegt werden;
- *count*: die maximale Anzahl von Bytes, die in die Datei geschrieben werden sollen.

Die Funktion gibt −1 zurück, wenn ein Fehler auftritt, oder die Anzahl der geschriebenen Bytes. Bei der Arbeit mit Dateien wird der Dateioffset als Cursor verwendet, der bei jedem Aufruf der *read*- (oder *write*-) Funktion aktualisiert wird. Wenn *read* aufgerufen wird, wird ab dem aktuellen Dateioffset mit dem Lesen begonnen und der Offset wird anschließend um die Anzahl der gelesenen Bytes inkrementiert. Das Gleiche geschieht beim Aufruf von *write*. Es sei denn, die Option `O_APPEND` wird verwendet, bei der der Dateioffset vor jedem Schreibvorgang an das Ende der Datei verschoben wird [15].

Die Position des Dateioffsets kann explizit mit der Funktion *lseek* geändert werden. Ihre Deklaration lautet wie folgt:

```
#include <sys/types.h>
#include <unistd.h>

off_t lseek(int fd, off_t offset, int whence);
```

Sie übernimmt drei Argumente:

- *fd*: den Dateideskriptor einer geöffneten Datei;
- *offset*: die Anzahl der Bytes, um die der Dateioffset verschoben werden soll;
- *whence*: die Position, ab der der Offset beginnt (► Tabelle 14.4).

Wenn ein Fehler auftritt, gibt *lseek* −1 zurück, ansonsten ist der Rückgabewert gleich dem aktuellen Offset (Anzahl der Bytes) ab Anfang der Datei [15].

Der Dateioffset kann auf einen größeren Wert als die Größe der Datei gesetzt werden. In diesem Fall wird beim Aufruf eines Schreibvorgangs durch das Schreiben ein »Loch« in der Datei zwischen dem ursprünglichen Ende der Datei und den neu geschriebenen Bytes erzeugt. Das Loch nimmt keinen Platz auf der Festplatte ein, aber wenn es gelesen wird,

whence-Argument	Verwendung
SEEK_SET	Setzt den Offset an den Anfang der Datei.
SEEK_CUR	Setzt den Offset auf die aktuelle Position des Dateioffsets.
SEEK_END	Setzt den Offset an das Ende der Datei.

Tabelle 14.4. *whence*-Argumente von *lseek*

werden '\0'-Zeichen zurückgegeben. Normalerweise ist es bei regulären Dateien nicht erlaubt, den Offset vor den Anfang der Datei zu verschieben [15].

lseek ist auch recht nützlich, um den aktuellen Wert des Offsets zu ermitteln:

```
off_t aktuellerOffset = lseek(fd, 0, SEEK_CUR);
```

14.4. Arbeiten mit Fehlern

Eine nützliche Funktion zur Fehlerbehandlung ist *perror*. Ihre Deklaration lautet:

```
#include <stdio.h>

void perror(const char *string);
```

Wenn diese Funktion unmittelbar nach einem fehlgeschlagenen Systemaufruf (oder manchmal einem Bibliotheksfunktionsaufruf) aufgerufen wird, gibt *perror* die Fehlermeldung des zuletzt aufgetretenen Problems und einen Zeilenumbruch auf die Standardfehlerausgabe (`stderr`) aus, dem – falls *string* nicht NULL oder ein Nullbyte ('\0') ist – *string*, ein Doppelpunkt und ein Leerzeichen vorangestellt sind [15]. Mit anderen Worten, *perror* wird verwendet, um einen Systemfehler in einer für Menschen lesbaren Form darzustellen.

Wenn ein Systemaufruf fehlschlägt, gibt er normalerweise -1 zurück und ändert den Wert der Variablen `errno` in einen Wert, der einer bestimmten Fehlermeldung in der globalen Fehlerliste `sys_errlist[]` entspricht. Bei vielen Bibliotheksfunktionen ist die Vorgehensweise die gleiche. Ihre Deklaration lautet wie folgt:

```
#include <errno.h>

const char * const sys_errlist[];
int errno;
```

Heutzutage ist `sys_errlist[ ]` veraltet, weshalb es nicht ratsam ist, direkt über diese Variable auf eine Systemfehlermeldung zuzugreifen. Stattdessen sollte die Funktion *strerror* verwendet werden. Ihre Deklaration lautet:

```
#include <string.h>

char *strerror(int errnum);
```

Zusammenfassung

- ✓ Wenn eine Datei von einem Prozess in einem Unix-System geöffnet oder erstellt wird, gibt es drei Dinge, die mit dieser Datei verbunden sind – Dateideskriptor, aktueller Dateioffset und Dateistatus-Flags.
- ✓ Eine Datei kann durch den Aufruf der Funktion *open* geöffnet oder erstellt werden. Die Funktion gibt einen Dateideskriptor zurück, wenn sie die Datei erfolgreich öffnet, und −1, wenn ein Fehler auftritt.
- ✓ Eine Datei kann auch mit der Funktion *creat* erstellt werden.
- ✓ Jede geöffnete Datei sollte am Ende geschlossen werden. Die Funktion dazu ist *close*.
- ✓ Die Funktion zum Lesen aus einer Datei heißt *read*. Die Funktion gibt −1 zurück, wenn ein Fehler auftritt, oder die Anzahl der gelesenen Bytes, oder 0, wenn versucht wird, vom Ende der Datei zu lesen.
- ✓ Die Funktion zum Schreiben in eine Datei heißt *write*. Die Funktion gibt −1 zurück, wenn ein Fehler auftritt oder die Anzahl der geschriebenen Bytes.
- ✓ Die Position des Dateioffsets kann explizit mit der Funktion *lseek* geändert werden.
- ✓ Eine nützliche Funktion zur Fehlerbehandlung ist die Funktion *perror*.
- ✓ Wenn ein Systemaufruf fehlschlägt, gibt sie normalerweise −1 zurück und ändert den Wert der Variablen `errno` in einen Wert, der einer bestimmten Fehlermeldung in der globalen Fehlerliste `sys_errlist[ ]` entspricht. Heutzutage ist `sys_errlist[ ]` veraltet, daher ist es ratsam, stattdessen die Funktion *strerror* zu verwenden.

Übungen zu Kapitel 14

1. Was würde im folgenden Szenario passieren:

Eine Datei, die keine '\0'-Zeichen enthält, wird zum Schreiben geöffnet. Ihr Dateioffset wird auf einen Wert gesetzt, der größer ist als die Größe der Datei. Die Datei wird dann geschlossen. Es wurden keine Schreiboperationen ausgeführt. Würde die Datei irgendwelche '\0'-Zeichen enthalten?

2. Schreiben Sie ein C-Programm, das zwei Parameter – die Namen von zwei nichtleeren Dateien – übernimmt und den Inhalt der ersten Datei am Anfang der zweiten Datei einfügt.

3. Schreiben Sie ein C-Programm, das zwei Parameter – die Namen von zwei nichtleeren Dateien – übernimmt, aus der ersten Datei liest und deren Inhalt an das Ende der zweiten Datei schreibt, wobei jedes Vorkommen von : durch ? ersetzt wird.

4. Schreiben Sie ein C-Programm, das den Befehl implementiert:

a. `cp` datei1 datei2 b. `head` datei c. `cmp -s` datei1 datei2

d. `wc` datei e. `tail` datei f. `cut -cm-n` datei

wobei `m` und `n` von der Standardeingabe gelesen werden sollten.

5. Gegeben sei das C-Programm *prog.c*:

```
#include <sys/types.h>
#include <unistd.h>
#include <stdio.h>
#include <stdlib.h>
#include <fcntl.h>
#include <sys/stat.h>

int main(int argc, char* argv[]) {
  char buffer[20];

  int fd_read, fd_write, chars = 6;

  if ((fd_read = open(argv[2], O_RDONLY)) == -1) {
    printf("Datei %s kann nicht geoeffnet werden.\n", argv[2]);
  }

  read(fd_read, buffer, chars);
  close(fd_read);

  chars -= 2;

  if ((fd_write = open(argv[1], O_CREAT | O_WRONLY | O_TRUNC, 0666)) == -1) {
    printf("Datei %s kann nicht geoeffnet/erstellt werden.\n", argv[1]);
  }

  write(fd_write, &buffer[--chars], 3);
  close(fd_write);

  write(1, &buffer[--chars], 3);
}
```

Führen Sie die folgende Befehlszeile aus:

```
./a.out ausgabe_datei.txt eingabe_datei.txt
```

wobei *a.out* das kompilierte Programm *prog.c* ist und *eingabe_datei.txt* nur die Zeichenkette »0123456789« enthält. Was wird dann auf der Standardausgabe ausgegeben und wie lautet der Inhalt von *ausgabe_datei.txt*?

6. Was und wohin schreibt das folgende C-Programm, wenn es mit dem Parameter *beispiel_datei.txt* aufgerufen wird?

```
#include <sys/types.h>
#include <unistd.h>
#include <stdio.h>
#include <stdlib.h>
#include <fcntl.h>
#include <sys/stat.h>

int main(int argc, char* argv[]) {
  int fd;

  write(1, "Hallo!", 6);
  close(1);

  if ((fd = open(argv[1], O_CREAT|O_WRONLY|O_TRUNC, 0666)) == -1) {
    return 1;
  }

  write(fd, "Irgendetwas ", 12);
  write(1, "schreiben", 9);
  close(fd);
}
```

7. Schreiben Sie ein C-Programm, das den Inhalt einer gegebenen Datei auf der Standardausgabe ausgibt und am Ende jeder Zeile deren Nummer und die Anzahl der enthaltenen Zeichen hinzufügt.

8. Schreiben Sie ein C-Programm, das einen Parameter – eine nichtleere Datei – übernimmt und auf der Standardausgabe eine Liste aller Zeichen, die in der Datei vorkommen, und die Anzahl ihres Vorkommens ausgibt.

9. Eine Datei *dateiX* habe den folgenden Inhalt:

```
abcdefghijklmnopqrstuvwxyz0123456789
```

Wie lautet die Ausgabe nach Ausführung des unten stehenden C-Programms?

```
#include <unistd.h>
#include <fcntl.h>
#include <stdio.h>
#include <sys/types.h>
#include <sys/stat.h>

int main(int argc, char* argv[]) {
    int i;
    char buffer[16];
    int fd;

    if ((fd = open("dateiX",O_RDONLY)) == -1) {
        return 1;
    }

    for(i=1; i<6; i++) {
        read(fd,buffer,i);
        write(1,buffer,i);
        write(1,"\n",1);
        lseek(fd, 2, SEEK_CUR);
    }
    return 0;
}
```

10. Erklären Sie, was nach der Ausführung des folgenden C-Programms passiert:

```
#include <sys/types.h>
#include <sys/stat.h>
#include <fcntl.h>
#include <errno.h>
#include <string.h>
#include <unistd.h>
#include <stdio.h>

int main(int argc, char * args) {
    char* buf[5];
    int fd;
    int rd;

    close(0);

    fd = open("/etc/passwd", O_RDONLY);

    close(0);

    if ((rd = read(fd, buf, 5)) == -1) {
        printf("Fehler beim Ausfuehren von read: %d - %s\n", errno, strerror(
     errno));
    } else {
        printf("Erste %d Symbole in /etc/passwd sind %s\n", rd, buf);
    }
}
```

C-Programmierung: Systemfunktionen zum Ersetzen und Beenden von Prozessen

15

ÜBERBLICK

» Dieses Kapitel gibt einen Überblick über sechs verschiedene C-Systemfunktionen zum Ersetzen von Prozessen und deren Besonderheiten. Außerdem wird die C-Systemfunktion *exit* zum Beenden eines Prozesses vorgestellt. «

15.1. Die *exec*-Funktionen

Es gibt eine Familie von C-Systemfunktionen namens *exec*. Jede Funktion aus dieser Familie ersetzt den aktuellen Prozess durch einen neuen Prozess. Die Daten und der Stack des aufrufenden Prozesses werden durch den neuen Prozess überschrieben. Die Familie besteht aus den folgenden Funktionen:

```
#include <unistd.h>

int execl(const char *path, const char *arg, ...);
int execlp(const char *file, const char *arg, ...);
int execle(const char *path, const char *arg, ... , char * const envp[]);
int execv(const char *path, char *const argv[]);
int execvp(const char *file, char *const argv[]);
int execvpe(const char *file, char *const argv[], char *const envp[]);
```

Das erste Argument jeder Funktion zeigt auf eine Datei, die über einen Dateinamen oder einen Pfad ausgeführt wird [15].

Wenn der angegebene Dateiname keinen Schrägstrich (/) enthält, suchen die Funktionen *execlp*, *execvp* und *execvpe* nach einer ausführbaren Datei in der Umgebungsvariablen PATH – einer doppelpunktseparierten Liste von Verzeichnispfadnamen. Wenn der angegebene Dateiname einen Schrägstrich enthält, wird die Umgebungsvariable PATH ignoriert und die Datei wird ausgeführt. Die anderen drei Funktionen *execl*, *execle* und *execv* erfordern die Angabe eines absoluten oder relativen Pfads [15].

Die ersten drei Funktionen *execlp*, *execvp* und *execvpe* verwenden eine Liste von Eingabeparametern *const char *arg*, die eigentlich die Argumentliste des neuen Prozesses ist [15]. Das erste Argument dieser Liste sollte auf die Datei zeigen, während das letzte Argument ein Nullzeiger sein muss, der anzeigt, dass die Argumentliste beendet ist, z. B. `(char *) NULL` oder `(char *) 0`. In den letzten drei Funktionen *execl*, *execle* und *execv* wird die Parameterliste von *const char *arg* durch einen Parameter *char *const argv[ ]* ersetzt – einem Array, das die Argumente des neuen Prozesses enthält [15], wobei das erste Element auf die Datei zeigt und das letzte auf einen Nullzeiger.

Die Funktionen *execle* und *execvpe* erlauben es dem aktuellen Prozess, die Umgebung des neuen Prozesses über den Parameter *char *const envp[ ]* anzugeben [15], wobei *envp* ein Array von Argumenten ist, dessen letztes Element auf einen Nullzeiger zeigen muss. Die anderen Funktionen verwenden die Umgebung des aktuellen Prozesses [15].

Zum Beispiel kann der Bash-Befehl

```
ls -l
```

wie folgt mit *exec*-Funktionen ausgeführt werden:

```
execl("/usr/bin/ls", "ls", "-l", (char *) NULL);
```

```
execlp("ls", "ls", "-l", (char *) NULL);
```

```
char *env[] = {"PATH=/home", (char *) NULL};
execle("/usr/bin/ls", "ls", "-l", (char *) NULL, env);
```

```
char *argv[] = {"ls", "-l", (char *)NULL};
execv("/usr/bin/ls", argv);
```

```
char *argv[] = {"ls", "-l", (char *)NULL};
execvp("ls", argv);
```

```
char *argv[] = {"ls", "-l", (char *)NULL};
char *env[] = {"PATH=/home", (char *) NULL};
execvpe("ls", argv, env);
```

Wenn bei der Ausführung einer *exec*-Funktion ein Fehler auftritt, gibt sie −1 zurück. Andernfalls wird von der Funktion nichts zurückgegeben, da ein neuer Prozess den aktuellen ersetzt hat [15].

15.2. Die Funktion *exit*

Ein C-Programm kann durch den Aufruf der Funktion *exit* beendet werden [15]. Ihre Deklaration lautet:

```
#include <stdlib.h>

void exit(int status);
```

wobei der Parameter *status* den Exit-Status des Programms definiert (siehe Kapitel 8). Die *exit*-Funktion kehrt nicht zurück.

Zusammenfassung

- ✓ Jede C-Systemfunktion aus der *exec*-Familie ersetzt den aktuellen Prozess durch einen neuen Prozess.
- ✓ Die Daten und der Stack des aufrufenden Prozesses werden bei Aufruf einer *exec*-Funktion durch die des neuen Prozesses überschrieben.
- ✓ Das erste Argument jeder *exec*-Funktion zeigt auf eine Datei, die über einen Dateinamen oder einen Pfad ausgeführt wird.
- ✓ Wenn bei der Ausführung einer *exec*-Funktion ein Fehler aufgetreten ist, gibt sie -1 zurück. Andernfalls wird nichts von der Funktion zurückgegeben, da ein neuer Prozess den aktuellen ersetzt hat.
- ✓ Ein C-Programm kann durch den Aufruf von *exit* beendet werden – einer Funktion, die nicht zurückkehrt.

Übungen zu Kapitel 15

1. Schreiben Sie ein C-Programm, das die folgende Befehlszeile ausführt:

```
find /etc -type f -name passwd
```

2. Schreiben Sie ein C-Programm, das ein Bash-Skript *myScript.sh* ausführt, das die folgende Befehlszeile enthält:

```
grep ^[0-9] /etc/services
```

3. Wie lautet das Ergebnis nach der Ausführung des folgenden C-Programms?

```
#include <unistd.h>
#include <stdio.h>

int main(int argc, char * args) {
    printf("erste Zeile aus dem C-Programm\n");
    execlp("echo", "echo", "zweite Zeile aus dem C-Programm", (char *) NULL);
    printf("dritte Zeile aus dem C-Programm\n");
}
```

4. Wie lautet das Ergebnis nach der Ausführung des folgenden C-Programms?

```
#include <unistd.h>
#include <stdio.h>
#include <stdlib.h>

int main(int argc, char * args) {
    printf("das C-Programm startet\n");
    exit(7);
    execlp("wc", "wc", "/etc/passwd", (char *) NULL);
}
```

Und wie lautet das Ergebnis nach der anschließenden Ausführung von folgender Zeile?

```
echo $?
```

5. Nach wie vielen Sekunden wird bei Ausführung des folgenden C-Programms der Text `Ausgabe an stdout` auf die Standardausgabe geschrieben?

```
#include <stdio.h>
#include <unistd.h>
#include <stdlib.h>
#include <unistd.h>

int main(int argc, char * args) {
    sleep(5);
    printf("Ausgabe an stdout");
    sleep(5);
}
```

6. Was wird bei der Ausführung des folgenden C-Programms auf die Standardausgabe geschrieben?

```
#include <unistd.h>
#include <stdio.h>
#include <stdlib.h>
#include <unistd.h>

int main(int argc, char * args) {
    printf("\nFuehre exec-Befehl aus");
    execlp("ls", "ls", "-l", (char *) NULL);
}
```

7. Schreiben Sie ein C-Programm, das den Befehl implementiert:

a. `sort` datei

b. `sort -r` datei

Vergessen Sie nicht zu prüfen, ob die Datei existiert.

8. Wie lautet das Ergebnis nach der Ausführung des folgenden C-Programms?

```
#include <sys/types.h>
#include <unistd.h>
#include <sys/wait.h>
#include <stdio.h>
#include <stdlib.h>
#include <fcntl.h>
#include <sys/stat.h>


int main(int argc, char* argv[]) {
  int wert = 5;

  printf("Wert = %d;", wert - 3);
  --value;
  printf("Wert = %d;", wert);

  if (execlp("dates", "date", 0 ) == -1) {
    printf("Wert = %d;", wert * 7);
  } else {
    value++;
    printf("Wert = %d;", wert);
  }
}
```

9. Wie lautet das Ergebnis nach der Ausführung des folgenden C-Programms?

```
#include <sys/types.h>
#include <unistd.h>
#include <sys/wait.h>
#include <stdio.h>
#include <stdlib.h>
#include <fcntl.h>
#include <sys/stat.h>


int main(int argc, char* argv[]) {
  int wert = 7;

  printf("Wert = %d;\n", wert);
  --wert;
  printf("Wert = %d;\n", wert / 2);

```

```
  if (execlp("ls", "ls", 0) == -1) {
    printf("Wert = %d;", wert * 4);
  } else {
    wert++;
    printf("Wert = %d;", wert);
  }
}
```

10. Wie lautet das Ergebnis nach der Ausführung des folgenden C-Programms?

```
#include <sys/types.h>
#include <unistd.h>
#include <sys/wait.h>
#include <stdio.h>
#include <stdlib.h>
#include <fcntl.h>
#include <sys/stat.h>


int main(int argc, char* argv[]) {
  int wert = 7;

  printf("Wert = %d;", wert);
  --wert;
  printf("Wert = %d;", wert / 2);

  if (execlp("ls", "ls", 0) == -1) {
    printf("Wert = %d;", wert * 4);
  } else {
    wert++;
    printf("Wert = %d;", wert);
  }
}
```

C-Programmierung: Systemfunktionen zum Verwalten von Prozessen

16

ÜBERBLICK

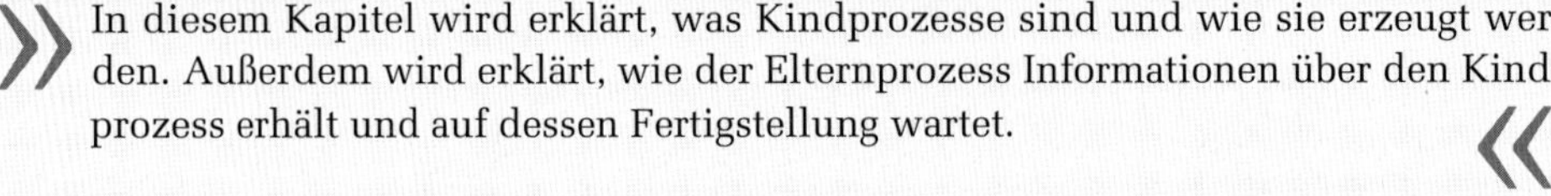

» In diesem Kapitel wird erklärt, was Kindprozesse sind und wie sie erzeugt werden. Außerdem wird erklärt, wie der Elternprozess Informationen über den Kindprozess erhält und auf dessen Fertigstellung wartet. «

16.1. Die Funktion *fork*

In der C-Programmierung kann ein neuer Prozess mit der Funktion *fork* erzeugt werden, der den aktuellen Prozess dupliziert [6]. Dabei wird der neu erzeugte Prozess als Kindprozess und der aktuelle als Elternprozess bezeichnet [6]. Die Funktion wird wie folgt deklariert:

```
#include <sys/types.h>
#include <unistd.h>

pid_t fork(void);
```

wobei der Rückgabetyp *pid_t* ist, definiert in der *sys/types.h*-Headerdatei. Es gibt drei Arten von möglichen Rückgabewerten (► Tabelle 16.1) [12].

Rückgabewert	Bedeutung
negativ	Das Anlegen eines Kindprozesses war nicht erfolgreich.
null	Es wurde erfolgreich ein Kindprozess erstellt und null an den neu erstellten Kindprozess zurückgegeben.
positiv	Es wurde erfolgreich ein Kindprozess erstellt und der Rückgabewert ist die Prozess-ID des Kindprozesses. Ein positiver Rückgabewert wird nur an den Elternprozess zurückgegeben.

Tabelle 16.1. Rückgabewerte von *fork*

Nach erfolgreicher Ausführung der *fork*-Funktion haben sowohl der Eltern- als auch der Kindprozess getrennte identische Adressräume. Dies bedeutet, dass der Programmcode und alle Variablen, die vor der Ausführung von *fork* definiert wurden, in den Adressraum des Kindprozesses kopiert wurden. Beide Prozesse setzen ihre Ausführung ab dem Zeitpunkt der *fork*-Ausführung gleichzeitig fort [6]. Es ist die Aufgabe des Programmierers, unterschiedliche Ausführungen in beiden Prozessen sicherzustellen. So kann z. B. der Rückgabewert von *fork* verwendet werden, um getrennte Programmlogik für den Eltern- und den Kindprozess zu definieren:

```
int main(int argc, char* argv[])
{
    pid_t  pid;

    pid = fork();
    if (pid == 0) {
        // Anweisungen des Kindprozesses
    } else {
        // Anweisungen des Elternprozesses
    }
   // Anweisungen von Eltern- und Kindprozess
}
```

Wenn die Programmlogik von Eltern- und Kindprozess nicht wie oben gezeigt getrennt ist, können eine Reihe von Problemen auftreten. Zum Beispiel führt die Verwendung von *printf* zu einer verwirrenden Ausgabe, da diese Funktion einen Puffer verwendet.

16.2. Die Funktion *wait*

Elternprozesse verwenden die *wait*-Funktion, um auf Zustandsänderungen in Kindprozessen zu warten und Informationen über den Kindprozess zu erhalten [12]. Eine Zustandsänderung liegt vor, wenn

- der Kindprozess beendet wurde;
- der Kindprozess durch ein Signal angehalten wurde;
- der Kindprozess durch ein Signal fortgeführt wurde.

Die *wait*-Funktion ist wie folgt deklariert:

```
#include <sys/types.h>
#include <sys/wait.h>

pid_t wait(int *status);
```

wobei der Rückgabetyp *pid_t* lautet, definiert in der Headerdatei *sys/types.h*.

Der Aufruf der *wait*-Funktion blockiert die Ausführung des Elternprozesses, bis dieser ein Signal von einem seiner Kindprozesse empfängt oder einer seiner Kindprozesse beendet wird. Es gibt zwei mögliche Ergebnisse, wenn eine *wait*-Funktion aufgerufen wird:

- Wenn es einen oder mehrere laufende Kindprozesse gibt, wird der Elternprozess blockiert, bis einer seiner Kindprozesse seinen Zustand ändert. Dabei spielt es keine Rolle, welcher Kindprozess geändert wird – der Elternprozess fährt auf alle Fälle mit seiner Programmausführung fort;
- Wenn zum Zeitpunkt des Aufrufs von *wait* kein Kindprozess läuft, bleibt der Aufruf komplett wirkungslos.

16.3. Abrufen von Prozess-IDs

Es gibt zwei Funktionen zum Abrufen der Prozess-IDs des aktuellen Prozesses und seines Elternprozesses – *getpid* bzw. *getppid* [12]. Sie werden wie folgt deklariert:

```
#include <sys/types.h>
#include <unistd.h>

pid_t getpid(void);
pid_t getppid(void);
```

Beide Funktionen sind immer erfolgreich, für Fehler sind keine Rückgabewerte reserviert.

Zusammenfassung

- ✓ In der C-Programmierung kann ein neuer Prozess mit der Funktion *fork* erzeugt werden, indem der aktuelle Prozess dupliziert wird. In diesem Fall wird der neu erstellte Prozess als Kindprozess und der aktuelle als Elternprozess bezeichnet.
- ✓ Nach erfolgreicher Ausführung der *fork*-Funktion haben sowohl der Eltern- als auch der Kindprozess getrennte identische Adressräume, was bedeutet, dass der Kindprozess über Kopien aller Variablen des Elternprozesses verfügt, die vor seiner Erstellung definiert wurden.
- ✓ Elternprozesse verwenden die *wait*-Funktion, um auf Zustandsänderungen in den Kindprozessen zu warten und Informationen über das Kind zu erhalten.
- ✓ Ein Aufruf der *wait*-Funktion blockiert die Ausführung des Elternprozesses, bis einer seiner Kindprozesse beendet wird oder ein Signal empfangen wird.
- ✓ Es gibt zwei Funktionen zum Abrufen der Prozess-IDs des aktuellen Prozesses und des Elternprozesses – *getpid* bzw. *getppid*.

Übungen zu Kapitel 16

1. Schreiben Sie ein C-Programm, das als Parameter einen String, also einen Befehl ohne Parameter, übernimmt und nach dessen Ausführung den Namen des Befehls und dessen Exit-Status auf die Standardausgabe ausgibt.

2. Schreiben Sie ein C-Programm, das als Parameter eine Liste von Befehlen (ohne Parameter) übernimmt, diese nacheinander ausführt und auf der Standardausgabe den Namen und die Prozess-ID jedes ausgeführten Befehls ausgibt, gefolgt von einer Nachricht, ob die Ausführung erfolgreich war.

3. Schreiben Sie ein C-Programm, das 4 Kindprozesse gleichzeitig startet, von denen jeder nur seine Prozess-ID ausgibt. Das Programm soll warten, bis alle seine Kindprozesse ihre Ausführung beendet haben und ihre Prozess-IDs in der Reihenfolge ausgeben, in der sie beendet wurden.

4. Schreiben Sie ein C-Programm, das als Parameter eine Liste von Befehlen (ohne Parameter) übernimmt, diese gleichzeitig ausführt und auf der Standardausgabe den Namen und die Prozess-ID jedes ausgeführten Befehls ausgibt, gefolgt von einer Nachricht, die angibt, ob die Ausführung erfolgreich war.

5. Schreiben Sie ein C-Programm, das einen Dateinamen als Parameter übernimmt und einen Kindprozess startet, der den String `Hallo Welt!` in die angegebene Datei schreibt. Der Elternprozess liest dann den Inhalt der Datei und gibt ihn aus, indem er nach jedem Zeichen ein »+«-Zeichen hinzufügt.

6. Schreiben Sie ein C-Programm, das als Parameter zwei Befehle (ohne Parameter) übernimmt. Das Programm führt dann den ersten Befehl aus. Wenn er fehlschlägt, gibt das Programm die Prozess-ID und den Befehlsnamen aus und führt den zweiten Befehl aus. Schlägt auch der zweite Befehl fehl, gibt das Programm wieder die Prozess-ID und den Befehlsnamen aus und beendet mit Status −1. Wenn einer der beiden Befehle erfolgreich beendet wird, sollte das Programm mit Status 0 beendet werden und den Namen des erfolgreich ausgeführten Befehls und dessen Prozess-ID ausgeben.

7. Was gibt das folgende Codefragment auf der Standardausgabe aus?

```
#include<sys/types.h>
#include<unistd.h>
#include<sys/wait.h>
#include<stdio.h>
#include<stdlib.h>

int main(int argc, char* argv[]) {
int status;
  if (fork() > 0) {
    wait(&status);
    printf("Elternprozess in Ausfuehrung.\n");
  } else {
    printf("Kindprozess in Ausfuehrung.\n");
    execlp("Datum","Datum", 0);
  }

  printf("Gemeinsamkeiten.\n");
}
```

8. Was gibt das folgende Codefragment auf der Standardausgabe aus?

```
#include<sys/types.h>
#include<unistd.h>
#include<sys/wait.h>
#include<stdio.h>
#include<stdlib.h>

int main(int argc, char* argv[]) {
  int status, wert=10;

  if (fork() > 0) {
    wert -= 5;

    wait(&status);
    printf("Wert = %d\n", wert);
    wert += 2;
  } else {
    wert -= 2;
  }

  wert *= 3;

  printf("Wert = %d\n", wert);
}
```

9. Was gibt das folgende Codefragment auf der Standardausgabe aus?

```
#include<sys/types.h>
#include<unistd.h>
#include<sys/wait.h>
#include<stdio.h>
#include<stdlib.h>

int main(int argc, char* argv[]) {
  int wert = 1;

  if (fork() > 0) {
    wert *= 4;
  } else {
    wert += 7;
    if (execlp("ls -l", "ls -l", 0 ) == -1) {
      printf("\nWert = %d ", wert);
    } else {
      wert += 3;
      printf("\nWert = %d ", wert);
    }
  }
}
```

10. Schreiben Sie ein C-Programm, das eine ausführbare Datei als Parameter übernimmt. Das Programm soll die Eingabedatei ausführen

a. im aktuellen Prozess,

b. in einem Kindprozess des aktuellen Prozesses

c. und eine Fehlermeldung anzeigen, wenn der Eingabeparameter falsch ist.

11. Schreiben Sie ein C-Programm, das jede der folgenden Prozesshierarchien erstellt und die PID und PPID von jedem Prozess ausgibt.

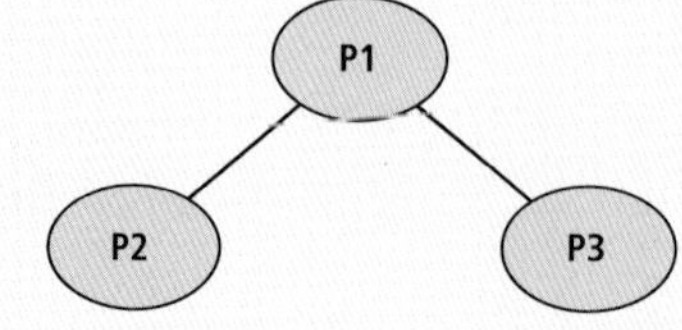

a.

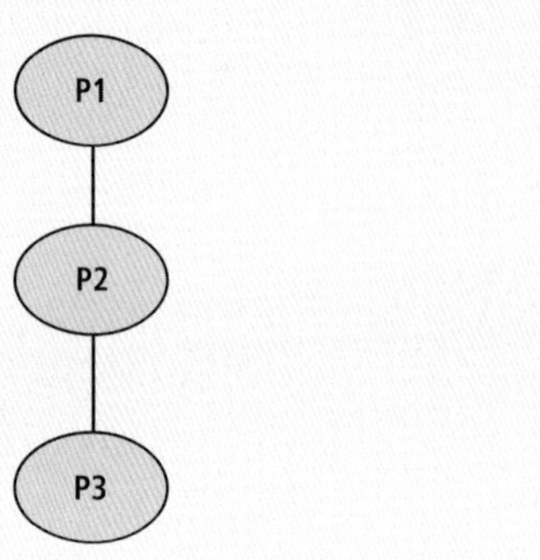

b.

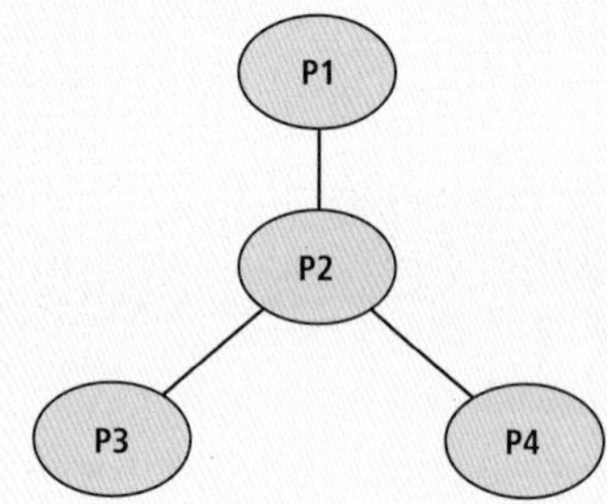

c.

12. Schreiben Sie ein C-Programm, das einen Dateinamen als Parameter übernimmt und die Datei zum Lesen öffnet. Das Programm startet dann ein Kindprozess und sowohl Kind- als auch Elternprozess beginnen mit dem Lesen aus der Datei, ohne aufeinander zu warten, bis das Ende der Datei erreicht ist. Geben Sie eine Beispielausgabe aus, wenn die Datei nur den String »aaaabbbb« enthält, und erklären Sie das Ergebnis. Was wäre der Unterschied, wenn das Programm den Kindprozess vor dem Öffnen und Lesen aus der Datei startet?

13. Schreiben Sie ein C-Programm, das von der Standardeingabe liest und jedes Mal, wenn ein Zeilenumbruchszeichen gelesen wird, mit dem `echo`-Befehl die Nachricht `Eine Zeile wurde verarbeitet` ausgibt.

14. Schreiben Sie ein C-Programm, das die folgende Befehlszeile alle 30 Sekunden ausführt:

```
who -u
```

Antworten

A

2 Dateisystem von Unix/Linux

2. Neue Laufwerke werden in dem Dateisystem als Verzeichnisse angelegt (oft unter */media*).

3 Versteckte Dateien und Systemdateien, UID und GID

5. UID und GID

6. Gruppen werden verwendet, um einen oder mehrere Benutzer mit ähnlichem Verhalten zusammenzufassen und ihnen so die gleichen Zugriffsrechte, Privilegien und Sicherheitseinstellungen zu gewähren.

4 Weit verbreitete Befehle

1.

```
exit
```

2.

```
date +"%Y-%m-%d %H:%M:%S"
```

3.

```
date +"%I:%M:%S"
```

4.

a.
```
date +%y\\%m\\%d
```

b.
```
date +%y\'%m\'%d
```

c.
```
date +%y/\\%m/\\%d
```

d.
```
date +%y\\/%m\\/%d
```

5.

```
echo -ne "Ich arbeite gerne mit der Shell\n"
```

8.

```
which date
```

10.

```
users; who
```

15.

```
mesg y
```

16.

```
mesg
```

17.

```
passwd
```

23.

a.
```
(date +%m;whoami;sleep 5)
```

b.
```
(date +%Y;users;which man)
```

c.
```
(who;echo Warte 0,5 Minuten;sleep 30)
```

24.

a.
```
{ echo Es ist der ; date +%d%m%Y ; exit; }
```

b.
```
{ finger root ; sleep 1m ; cc programm.c; }
```

c.
```
{ which cc ; exit ; echo hat das System verlassen; }
```

5 Basisbefehle für das Arbeiten mit Dateien und Verzeichnissen

2.

```
cd /etc
cd
```

3.

```
~/newdir
```

4.

```
ls /bin
```

5.

```
ls -at
ls -lat
```

7.

```
find . -name timesheet.xml
```

8.

```
find /home -name timesheet.xml
```

9.

```
find . -path ./timesheet.xml
```

10.

```
find /etc -type f -name passwd
```

11.

```
find /usr -type d -name bin
```

12.

```
locate bin
```

13.

```
locate passwd
```

15.

a.
```
cp datei1 verz2/datei2 verz3/datei3 verz3/datei4 verz2/verz4
```

b.
```
cp -r verz3 verz2
```

c.
```
cp verz3/datei3 verz3/datei4 verz2
```

16.

```
rmdir
```

```
rm -d
```

```
rm -r
```

17.

```
-f
```

19.

```
cat /etc/passwd /etc/services
```

22.

```
head -3 /etc/passwd
```

```
head -n 3 /etc/passwd
```

23.

```
cut -c 1-3 /etc/services
```

24.

```
tail -1 /etc/services
```

25.

```
tail -fn100 app.log
```

27.

```
uniq beispiel-datei.txt
```

Ausgabe:

```
nobody
root
screensaver
webauthserver
www
```

28.

```
uniq -u beispiel-datei.txt
```

Ausgabe:

```
nobody
screensaver
```

29.

```
uniq -c beispiel-datei.txt
```

Ausgabe:

```
1 nobody
4 root
1 screensaver
3 webauthserver
6 www
```

31.

```
grep ^[0-9] /etc/hosts
```

32.

a.
```
grep ^[a-Z] /etc/services
```

b.
```
grep ^[0-9] /etc/services
```

c.
```
grep -v [0-9] /etc/services
```

d.
```
grep ^foo /etc/services
```

e.
```
grep -n root /etc/services
```

36.

```
cmp -b /etc/passwd /etc/services
```

37.

```
basename /etc/passwd
```

38.

```
basename -s .deny /etc/hosts.deny
```

39.

```
datei /usr/bin/ls /etc/passwd
```

41.

```
wc /etc/passwd
```

42.

```
wc -lw /etc/passwd
```

43.

```
wc -m /etc/passwd
```

44.

```
wc -c /etc/passwd /etc/services
```

6 Harte und weiche Links

2.

```
cd ~
touch test
ln test test-link
cat test
cat test-link
rm test
rm test-link
```

3.

```
cd ~
ln -s /etc/passwd pass
cat pass
ls -l
rm pass
```

4.

```
cd ~
ln -s /usr/bin bin
ls bin
ls -l
rmdir bin
rm bin
```

5.

```
cd ~
ln -s /etc etc-link
cat etc-link/passwd
rm etc-link
```

7.

```
cd ~
ln -s /etc/passwd pass
ln -s pass neuPass
rm pass
cat neuPass
```

Ausgabe:

```
cat: neuPass: No such file or directory
```

8.

```
find / -samefile deine_datei_name
```

9.

```
find -L / -samefile deine_datei_name
```

11.

a. Eine Datei gleichzeitig an mehreren Stellen im System zu speichern.

b. Die gleichen Dateien auf unterschiedliche Weise für unterschiedliche Zwecke zu organisieren.

12.

a. Harte Links sind tatsächliche Dateien, daher ist das Löschen einer Datei kein Problem.

b. Die Verwendung von weichen Links kann zu Linkzyklen führen.

13.

a. Es kann eine Verknüpfung zu einem Verzeichnis hergestellt werden.

b. Es können Verknüpfungen zwischen Dateisystemen hergestellt werden.

15. Wenn die neue Zieldatei den Namen *neues_ziel* hat und die Datei mit weichem Link den Namen *soft_link*:

```
ln -s -f neues_ziel soft_link
```

16. Wenn die neue Zieldatei den Namen *neues_ziel* hat und die Datei mit harten Link den Namen *hard_link*:

```
ln -f neues_ziel hard_link
```

17. Nein, ist sie nicht. Der Befehl kopiert die Datei, auf die der Link zeigt.

18. Der Inhalt der Originaldatei wird zum Inhalt der Datei */etc/passwd*.

7 Metazeichen in Dateinamen; Anführungs- und Escapezeichen; Variablen

1.

a.
```
ls init?.txt
```

b.
```
ls init*.txt
```

c.
```
ls init[abc].txt
```

5.

a.
```
Mein Hostname ist <dein_hostname>.
```

b.
```
Mein Hostname ist $HOSTNAME.
```

c.
```
Mein Hostname ist $HOSTNAME.
```

6.

a.
```
Linus Torvalds
```

b.
```
erfinder_von_linux
```

7.

```
PATH="$PATH:/usr/X11R6/bin"
```

8.

```
PWD=/opt
```

9.

```
PS1="[\u@\h \$(date +%H:%M:%S) \W]\$"
```

10.

```
set
STR="Hallo Welt!"
set
```

11.

```
var=irgendein Wert
```

12.

```
#!/bin/bash
set a 3 0 d
echo $*
```

13.

```
#!/bin/bash
echo $1 $2 $3 $#
```

15.

```
export $PATH
```

16.

```
export neue_var="Neuer Wert!"
```

18.

```
MYAPP=
MYAPP=2
```

8 Standardeingabe, Standardausgabe und Standardfehler; Hintergrundprozesse; Exit-Status

1.

```
cp /etc/passwd ~/passwdKopie
cat /etc/services >> ~/passwdKopie
```

2.

```
who | wc -l
```

3.

```
ls | wc -l
```

4. Das Ergebnis des Befehls `ls -l` hat eine zusätzliche Zeile am Anfang.

6.

```
locate bin | grep -v lib
```

8.

```
sort <dateiname> | uniq -u
```

9.

```
sort <dateiname> | uniq
```

10.

```
tr -s " \t\n" < <dateiname>
```

11.

```
sort <dateiname> | uniq -c
```

12.

```
ls -al | tail -n +2 | tr -s " " | cut -d' ' -f3 | sort | uniq -c
```

14.

```
#!/bin/bash
read dir
echo "Die Anzahl der Dateien im Verzeichnis $dir ist `ls $dir | wc -l` und `ls $dir/*.txt | wc -l` von diesen sind .txt-Dateien."
```

17.

a.
```
grep ^[A-Z] beispiel.txt | grep [0-9]$
```
b.
```
grep ^[A-Z] beispiel.txt | grep [^0-9]$
```
c.
```
grep ^[a-z] beispiel.txt | grep [^0-9]$
```
d.
```
grep ^[a-z] beispiel.txt | grep [0-9]$
```

18.

```
grep [A-Z] /etc/passwd | sort -n -k1.1,1.5 > neu.txt
```

19.

```
grep -v [A-Z] /etc/passwd | sort -k1.1,1.5 > neu.txt
```

20.

```
grep [A-Z] /etc/passwd | sort -k1.1,1.5 > neu.txt
```

21.

```
grep -v [A-Z] /etc/passwd | sort -n -k1.1,1.5 > neu.txt
```

27. Skript *angemeldete_nutzer.sh*:

```
#!/bin/bash
users
exit 2
```

Ausführung:

```
bash angemeldete_nutzer.sh
echo $?
```

9 Bedingte Konstrukte und Schleifenstrukturen

1.

a. falsch

b. 1

2. Nein! 1 ist nicht größer als 2 und 2 ist nicht größer als 3.

3.

```
#!/bin/bash
count=`ls /home/$1 | wc -l`
if [ $count -gt $2 ]
then
echo "Sie haben mehr als $2 Dateien in Ihrem Homeverzeichnis" | write $1
fi
```

5.

```
#!/bin/bash
echo "Moechten Sie fortfahren [j/n]?"
read answer
case $answer in
j | J | ja | Ja | JA) echo "Ihre Antwort ist ja";;
n | N | nein | Nein | NEIN) echo "Ihre Antwort ist nein";;
*) echo "Undefinierte Eingabe. Geben Sie j oder n ein.";;
esac
```

6.

```
#!/bin/bash
will_fortfahren = "ja"
while test $will_fortfahren = "ja"
do
    echo -n "Geben Sie eine Zeichenfolge ein: "
    read str
    echo "Sie haben eingegeben: $str"

    echo -n "Moechten Sie fortfahren?"
    read will_fortfahren
done
```

7.

```
Der Anfangswert von str ist a
a
a a
a a a
a a a a
```

8.

a.

```
#!/bin/bash
for a in 1 2 3 4 5
do
  echo $a
done
```

b.

```
#!/bin/bash
for ((x=1; x<=5; x++))
do
  echo $x
done
```

9. Das Ergebnis nach der Ausführung von *parameter-erweitert_1.sh* lautet:

```
Mit "$*":
Parameter "Dies ist der erste Satz. Dies ist ein zweiter Satz."
```

und das Ergebnis nach Ausführung von *parameter-erweitert_2.sh* ist:

```
Mit "$@":
Parameter "Dies ist der erste Satz."
Parameter "Dies ist ein zweiter Satz."
```

denn wenn `$*` in doppelten Anführungszeichen verwendet wird, werden die Positionsparameter zu einem einzigen Wort erweitert.

10. Beim Ausführen des Skripts lautet der Text auf der Standardausgabe:

```
line 6: `$datei`: not a valid identifier
```

Die `for`-Schleife arbeitet mit Variablen. In diesem Fall versucht die Schleife, den Wert von *$datei* als Variable zu verwenden. Aber da es keinen solchen Wert gibt, schlägt die Ausführung des Skripts fehl. Das Skript würde richtig funktionieren, wenn es wie folgt geschrieben wäre:

```
#!/bin/bash
for datei in `ls`
do
if ! test -f $datei
then echo $datei
fi
done
```

11. {5..10} Bei der Definition eines Bereichs können wir keine Variablen verwenden. In solchen Fällen ist es sinnvoller, den `seq`-Befehl zu verwenden.

12.

```
#!/bin/bash
ende=`ls $1 | wc -l`
read inc
for i in $(seq 2 $inc $ende)
do echo $ı
done
```

13.

```
#!/bin/bash
for each in "*"
do
echo $each
done
```

14.

```
#!/bin/bash
if [ -d $1 ]
then
  for var in $1/*
  do
    if [ -f $var ]
    then
      byte=`cat $var | wc -c`
      if [ $byte -lt $3 ]
      then
        if ! [ -e $2 ]
        then
          mkdir $2
        fi
      mv $var $2
      fi
    fi
  done
fi
```

16.

```
#!/bin/bash
if ! test $# -eq 2
then
    echo Falsche Anzahl von Eingabeparametern.
    exit
fi
if test -r $1 && test -w $2
then
    for i in $1/*
    do
        if test -f $i && test -r $i && test -w $i
        then
            cp $i $2
        fi
    done
fi
```

17.

```
#!/bin/bash
if ! test $# -eq 2
then
    echo Falsche Anzahl von Eingabeparametern. Der erste Parameter sollte eine
     Meldung und der zweite ein Dateiname sein.
    exit
fi
if ! test -f $2
then
    echo Der erste Parameter sollte eine regulaere Datei sein, die Benutzernamen
     enthaelt.
fi
for i in `cat $2`
do
    if users | grep $i >> /dev/null
    then
        echo $1 | write $i
    fi
done
```

23.

```
#!/bin/bash
for i in `users`
do
    echo "Das System wird in 10 Minuten heruntergefahren. Beenden Sie Ihre Arbeit
     oder warten Sie auf den naechsten Systemstart." | write $i
done
```

24.

```
#!/bin/bash
if test -z $1
then
    echo Das Skript arbeitet mit einem Eingabeparameter: einem Verzeichnisnamen
else
    for i in  $1/*.txt
    do
        bname=`basename -s .txt "$i"`
        mv $i "$bname.text"
    done
fi
```

25.

```
1
2
3
4
```

27.

```
#!/bin/bash
while true
do
  sleep 30
  anzahl=`who | wc -l`
  if [ $anzahl -gt $1 ]
  then
    for var in `who | cut -d ' ' -f 1`
    do
      anzahlNutzer=`who | cut -d ' ' -f 1 | grep $var | wc -l`
      if [ $anzahlNutzer -gt 1 ]
      then
        echo "Es werden zu viele Terminals verwendet. Bitte schliessen Sie
     mindestens ein Terminal" | write $var
      fi
    done
    break
  fi
done
```

28.

```
1
2
3
4
6
7
8
9
10
```

10 Arithmetische Ausdrücke und Stringmanipulation

3.

```
#!/bin/bash
for each
do
  echo "Quadrat von $each: $(($each * $each))"
done
```

4.

```
#!/bin/bash
for each
do
    if [[ $each =~ ^-?[0-9]+$ ]]
    then
        echo "Quadrat von $each: $(($each * $each))"
    else
        echo "$each ist keine ganze Zahl"
    fi
done
```

5.

```
#!/bin/bash
echo "Anfangswert: $1"
wert=$1
if [ $1 -gt 0 ]
then
  while [ $wert -ge 0 ]
  do
    echo $wert
    wert=$(($wert - 1))
  done
else
  while [ $wert -le 0 ]
  do
    echo $wert
    wert=$(($wert + 1))
  done
fi
```

6.

```
#!/bin/bash
zaehler=0
for i in $@
do
    if benutzer | grep $i > /dev/null
    then
        echo $i
    else
        zaehler=`expr $zaehler + 1`
    fi
done
echo "Anzahl der nicht gefundenen Benutzer ist $zaehler"
```

8.

```
#!/bin/bash
if ! test $# -eq 1
then
    echo Falsche Anzahl von Eingabeparametern. Geben Sie eine Zahl ein.
    exit
fi
curl=`ls | wc -l`
if test $curl -gt $1
then
    echo "Verzeichnisnamen eingeben"
    read verz
    zuverschieben=`expr $curl - $1`
    Dateien_verschieben=`ls | head -$zuverschieben`
    mv $Dateien_verschieben $verz
fi
```

10.

```
#!/bin/bash
for i in $(seq 5 2 1000)
do
    rfuenf=`expr $i % 5`
    rdreizehn=`expr $i % 13`
    rsiebzehn=`expr $i % 17`
    if test $rfuenf-eq 0 || test $rdreizehn -eq 0 || test $rsiebzehn -eq 0
    then
        echo $i
    fi
done
```

16.

```
echo ${@:3}
```

19.

```
#!/bin/bash
echo "Text eingeben:"
read text_string
if [ ${#text_string} -gt 0 ]
  then
  echo ${text_string//$2/$3} > bearbeiteter_text.txt
else
  echo "Leerer Eingabestring"
fi
```

20.

```
#!/bin/bash
maxnutzer="root"
maxlaenge=4
minnutzer="root"
minlaenge=4
for name in `cat /etc/passwd | cut -d ':' -f 1`
do
    nutzerlaenge=`expr laenge $name`
    if test $nutzerlaenge -gt $maxlaenge
    then
        maxnutzer=$name
        maxlaenge=$nutzerlaenge
    elif test $nutzerlaenge -lt $minlaenge
    then
        minnutzer=$name
        minlaenge=$nutzerlaenge
    fi
done
echo $maxnutzer
echo $minnutzer
```

11 Dateisicherheit

1. Der Zugriff auf das Homeverzeichnis sollte über das Root-Verzeichnis erfolgen: */home/meinnutzer*. Der Befehl sollte also folgendermaßen lauten:

```
chmod 777 /home/meinnutzer/berechtigung_datei
```

4.

```
chmod u=rw,g=rw,o=rw berechtigung_datei
chmod a=rw berechtigung_datei
chmod 666 berechtigung_datei
```

5.

```
chmod o+r berechtigung_datei
chmod u=rw,g=r,o=r berechtigung_datei
chmod a=r,u+w berechtigung_datei
chmod a=rw,g-w,o-w berechtigung_datei
```

10.

```
#!/bin/bash
fverz1=`ls $1/*.c | wc -l`
fverz2=`ls $2/*.c | wc -l`
gesamtzahl=`expr $fverz1 + $fverz2`

if [ $totbr -gt 20 ]; then
    ls $1/*.c > dateinamen
    ls $2/*.c >> dateinamen
    chmod a=r dateinamen
else
    echo "Gesamtzahl der Dateien ist kleiner als 20=$gesamtzahl"
fi
```

14.

a. 764

b. 520

c. 600

15.

a. `rwxrwxrwx`

b. `rwxr-xr-x`

c. `rwx------`

d. `rw-rw-rw`

e. `rw-r-----`

f. `r--------`

16.

```
#!/bin/bash
if test `ls -l $1 | cut -c 2-10` = $2
then mv $1 $HOME
else echo "Falsche Eingabeparameter"
fi
```

17.

```
#!/bin/bash
if ! test -f $1
then echo "$1 ist keine regulaere Datei"
elif test $2 = "u"
then chown $3 $1
elif test $2 = "g"
then chgrp $3 $1
else echo "Der zweite Parameter ist $2, aber es kann nur u oder g sein."
fi
```

18.

```
#!/bin/bash
chmod 000 $1
for i in {2..10}
do
    berechtigung=`ls -l $2 | cut -c $i`
    if test $berechtigung != "-"
    then
        if test $i -lt 5
        then
            chmod u+$berechtigung $1
        elif test $i -lt 8
        then
            chmod g+$berechtigung $1
        else
            chmod o+$berechtigung $1
        fi
    fi
done
```

Auch der folgende Befehl kann verwendet werden:

```
stat -c %a irgendeine-datei
```

19.

```
#!/bin/bash
for datei in $1/*
do
    if test -f $datei
    then chmod $2 $datei
    fi
done
```

20.

```
#!/bin/bash
if ! test $# -eq 3
then
    echo Es sollten drei Eingabeparameter sein!
    exit
fi
eigentuemer=`ls -l $1 | cut -d ' ' -f 3`
if test $eigentuemer = $2
then
    echo neuen Eigentuemer eingeben
    read neuerEigentuemer
    echo neue Gruppe eingeben
    read neueGruppe
    chown $neuerEigentuemer:$neueGruppe $1
else
    chown root:$3 $1
fi
```

12 Arbeiten mit Prozessen

6.

```
#!/bin/bash
if [[ -z "$1" ]]
then
    echo "Bitte geben Sie eine PID ein"
elif ps -eo pid | grep $1
then
    echo "Es laeuft gerade ein Prozess mit der ID $1."
else
    echo "Es laeuft derzeit kein Prozess mit der ID $1."
fi
```

7.

```
ps aux | grep `whoami`
```

```
ps -u `whoami`
```

10.

```
ps -eo benutzer= | sort | uniq -c
```

```
ps aux | cut -d' ' -f1 | sort | uniq -c
```

11.

```
ps aux | cut -d' ' -f1 | grep root | wc -l
```

12.

```
ps aux | cut -d' ' -f1 | sort | uniq
```

13.

```
ps -eo befehl= | grep -w ^cat | wc -l
```

```
ps -ef | grep -w [c]at | wc -l
```

14.

```
ps -o befehl= $1
```

15.

```
#!/bin/bash
if ! test 3 -eq $#
then
    echo Falsche Anzahl an Eingabeparametern. Der erste und zweite Parameter sollten ganze positive Zahlen und der dritte ein Benutzername sein.
    exit
fi
if test $1 -gt $2
then
    min=$2
    max=$1
else
    min=$1
    max=$2
fi
while true
do
    anzahlp=`ps -eo benutzer= | grep $3 | wc -l`
    if test $min -le $anzahlp && test $anzahlp -le $max
    then
        for u in `users`
        do
            echo "Die Anzahl der von Benutzer $3 ausgefuehrten Prozesse liegt zwischen $min und $max." | write $u
        done
    fi
    sleep 30m
done
```

13 Funktionen und Arrays

1.

```
Exit-Status von sum: 0
Summe: 15
Exit-Status von sum: 1
Summe: 0
```

2.

```
Variable ergebnis:
Summe: 15
```

3.

```
ls () {
befehl ls -la
}
```

4.

```
string_array=("Dies" "ist" "Ihre" "erste Uebung")
for each in "${string_array[@]}"
do
  echo "$each"
done
```

5.

```
satz_array=('Bilde ' 'aus ' 'mir ' 'einen ' 'Satz.' 'Aus mir ' 'auch, ' 'bitte!')
echo "${satz_array[*]:0:5}"
echo "${satz_array[*]:5:3}"
```

6.

```
#!/bin/bash
print_groesse() {
  if [[ -f $1 ]]
  then
    groesse=$(wc -c < "$1")
    echo -e "$1: $groesse bytes"
  else
    echo "$1 ist keine regulaere Datei"
  fi
}

for each
do
  print_groesse "$each"
done
```

7.

```
declare -A student_emails
student_emails=([fn00001]=tgeorgiev@fmi.uni-sofia.bg [fn00002]=divanova@fmi.uni-
    sofia.bg [fn00003]=ppetrov@fmi.uni-sofia.bg [fn00004]=mdimitrova@fmi.uni-sofia.
    bg [fn00005]=tsstoyanov@fmi.uni-sofia.bg)
echo ${student_emails[fn00003]}
```

8.

```
student_emails[fn00045]=bmladenova@fmi.uni-sofia.bg
echo ${student_emails[@]}
```

9.

```
echo ${!student_emails[@]}
```

10.

```
for each in "${!student_emails[@]}"
do
  echo "$each: ${student_emails[$each]}"
done
```

11.

```
unset -v student_emails[fn00002]
echo ${student_emails[fn00002]}
```

12.

```
contains() {
  if [[ ${#student_emails[$1]} -gt 0 ]]; then
    echo "studenten_array enthaelt eine E-Mail-Adresse fuer $1"
  else
    echo "studenten_array enthaelt keine E-Mail-Adresse fuer  $1"
  fi
}

contains fn00021
contains fn00004
```

14.

```
#!/bin/bash
function ggT {
    if test $1 -lt $2
    then
        ggT $2 $1
        return $?
    fi
    r=`expr $1 % $2`
    if test $r -eq 0
    then
        return $2
    fi

    ggT $2 $r
    return $?
}

ggT $1 $2
echo $?
```

15.

```
#!/bin/bash
function checkDateien {
    for i in $2/*
    do
        eigentuemer=`ls -l $i | cut -d ' ' -f 3`
        if test -d $i
        then
            checkDateien $1 $i
        elif test $eigentuemer = $1
        then
            echo Moechten Sie die Datei $i entfernen, deren Eigentuemer $1 ist?
            read entferneDatei
            if $entferneDatei = "true"
            then rm $i
            else
                echo Legen Sie fuer die Datei $i einen neuen Eigentuemer fest
                read neuer_eigentuemer
                chown $neuer_eigentuemer $i
            fi
        fi
    done
}
echo Geben Sie den Ordner an
read verz
until test -z $verz
do
        checkDateien $1 $verz
        echo Geben Sie den Ordner an
        read verz
done
```

19.

```
#!/bin/bash
declare -A arr
for i in 1 2
do
        for j in 1 2 3
        do
                arr[$i, $j]=`expr $i + $j`
                echo -n ${arr[$i, $j]}
        done
        echo
done
```

20.

```
#!/bin/bash
declare -A arr
#erster Parameter - Anzahl der Zeilen in der Matrix
#zweiter Parameter - Anzahl der Spalten in der Matrix
function drehen {
    for j in `seq 1 $2`
    do
        for i in `seq 1 $1`
        do
            echo -n ${arr[$i, $j]}
        done
        echo
    done
}
zeilen=3
spalten=3
for i in `seq 1 $row`
do
    for j in `seq 1 $col`
    do
        arr[$i, $j]=`expr $j \* $j`
        echo -n ${arr[$i, $j]}
    done
    echo
done
drehen $zeilen $spalten
```

14 C-Programmierung: Systemfunktionen zum Arbeiten mit Dateien

1. Da keine Schreiboperationen ausgeführt wurden, werden keine zusätzlichen \0-Zeichen hinzugefügt.

5. Standardausgabe:

```
234
```

ausgabe_datei.txt:

```
345
```

6. Die Zeichenkette `Hallo!` wird auf der Standardausgabe ausgegeben und `Irgendetwas schreiben` wird in *beispiel_datei.txt* geschrieben.

7.

```
#include <sys/types.h>
#include <unistd.h>
#include <stdio.h>
#include <stdlib.h>
#include <fcntl.h>
#include <sys/stat.h>

int main(int argc, char* argv[]) {
  int fd, zeichen=0, zeilen=0;
  char c;

  if ((fd = open(argv[1], O_RDONLY)) == -1) {
    printf ("\nKann nicht geoeffnet werden %s\n", argv[1]);
    return 1;
  }

  while(read(fd, &c, 1)) {
    ++zeichen;
    if (c == '\n') {
      ++zeilen;
      printf("(Zeile %d; Zeichen %d)\n", zeilen, zeichen);
      zeichen=0;
    } else {
      write(1,&c,1);
    }
  }
  close(fd);
}
```

9. Die Ausgabe lautet:

```
a
de
hij
mnop
stuvw
```

10. Die Datei wird kurz vor dem Versuch, aus ihr zu lesen, geschlossen, was zu einem Fehler beim Aufruf der Lesefunktion führt. Die Ausgabe würde lauten:

```
Fehler beim Ausfuehren von read: 9 - Bad file descriptor
```

15 C-Programmierung: Systemfunktionen zum Ersetzen und Beenden von Prozessen

1.

```
#include <unistd.h>

int main(int argc, char * args) {
    execlp("find", "find", "/etc", "-type", "f", "-name", "passwd", (char *) NULL);
}
```

2.

```
#include <unistd.h>

int main(int argc, char * args) {
    execlp("sh", "sh", "myScript.sh", (char *) NULL);
}
```

3. Die Ausgabe lautet:

```
erste Zeile aus dem C-Programm
zweite Zeile aus dem C-Programm
```

Das Programm beginnt mit dem Aufruf von *printf*. Danach ersetzt die Funktion *execlp* den aktuellen Prozess und führt den `echo`-Befehl aus. Daher wird der zweite Aufruf von *printf* nicht ausgeführt.

4. Die Ausgabe lautet:

```
das C-Programm startet
```

Das Programm wird mit dem Exit-Status 7 beendet, wenn die *exit*-Funktion aufgerufen wird, also gibt die `echo`-Befehlszeile 7 auf der Standardausgabe aus.

5. Nach 10 Sekunden.

Die C-Funktion *printf* schreibt in den Standardausgabestream. Der Stream ist zeilengepuffert, was bedeutet, dass die Zeilen erst erscheinen, wenn ein Zeilenumbruch ausgegeben oder eine *exit*-Funktion aufgerufen wird. In diesem Beispiel wird vom Programm bei Erreichen der schließenden Klammer (}) implizit die *exit*-Funktion aufgerufen.

6. Eine neue Zeile und das Ergebnis der Befehlszeile `ls`.

Der Text `Führe exec-Befehl aus` wird nicht ausgegeben, da er im Standardausgabestream gepuffert ist, der zusammen mit dem aktuellen Prozess ersetzt wird, wenn die *exec*-Funktion aufgerufen wird.

8. Die Ausgabe lautet:

```
Wert = 2;Wert = 4;Wert = 28;
```

9. Die Ausgabe lautet:

```
Wert = 7;
Wert = 3;
<Ausgabe von ls>
```

10. Die Ausgabe des Befehls `ls` lautet.

16 C-Programmierung: Systemfunktionen zum Verwalten von Prozessen

1.

```
#include <sys/types.h>
#include <unist d.h>
#include <sys/wait.h>
#include <stdio.h>
#include <stdlib.h>

int main(int argc, char* argv[]){
  int status;
    if (fork() > 0) {
        wait(&status);
        printf("Der Name des ausgefuehrten Befehls ist: %s\nExit-Status: %d\n", argv[1], status);
        exit(0);
    } else {
        if (execlp(argv[1], argv[1], NULL) == -1) {
            exit(1);
        }
    }
}
```

2.

```
#include <sys/types.h>
#include <unistd.h>
#include <sys/wait.h>
#include <stdio.h>
#include <stdlib.h>

int main(int argc, char* argv[]){
    int status;
    int pid;
    for (int i = 1; i <= argc-1; i++) {
        if (fork() > 0) {
            pid = wait(&status);
            printf("%s %d:", argv[i], pid);
            if (status == 0) {
                printf("Ausfuehrung erfolgreich beendet.\n");
            } else {
                printf("Bei der Ausfuehrung ist ein Problem aufgetreten.\n");
            }
        } else {
            if (execlp(argv[i], argv[i], NULL) == -1) {
                exit(1);
            }
        }
    }
}
```

3.

```
#include <sys/types.h>
#include <unistd.h>
#include <sys/wait.h>
#include <stdio.h>
#include <stdlib.h>

int main(int argc, char* argv[]){
    int status;
    int pid;

    for (int i = 1; i <= 4; i++) {
        if (fork() > 0) {
            if (i == 4) {
                for (int j = 1; j <= 4; j++) {
                    pid = wait(&status);
                    printf("%d beendet.\n", pid);
                }
            }
        } else {
            printf("Kindprozess %d mit PID %d gestartet.\n", i, getpid());
            break; // weil wir nicht moechten, dass Kindprozess die Schleife fortsetzt
        }
    }
}
```

4.

```
#include <sys/types.h>
#include <unistd.h>
#include <sys/wait.h>
#include <stdio.h>
#include <stdlib.h>

int main(int argc, char* argv[]){
    int status;
    int pid;
    for (int i = 1; i <= argc-1; i++) {
        if (fork() > 0) {
            if (i == argc-1) {
                for (int j = 1; j <= argc-1; j++) {
                    pid = wait(&status);
                    printf("%d:", pid);
                    if (status == 0) {
                        printf("Ausfuehrung erfolgreich beendet\n");
                    } else {
                        printf("Bei der Ausfuehrung ist ein Problem aufgetreten.\n");
                    }
                }
            }
        } else {
            printf("%s: %d\n", argv[i], getpid());
            if (execlp(argv[i], argv[i], NULL) == -1) {
                exit(1);
            }
        }
    }
}
```

5.

```
#include <sys/types.h>
#include <unistd.h>
#include <sys/wait.h>
#include <stdio.h>
#include <stdlib.h>
#include <fcntl.h>
#include <sys/stat.h>

int main(int argc, char* argv[]){
    int fd;
    int status;
    char c;

    if (fork () > 0) {
        wait(&status);

        if ((fd = open(argv[1], O_RDONLY)) == -1) {
            printf("Datei %s kann nicht zum Lesen geoeffnet werden.\n", argv[1]);
        }

        while(read(fd, &c, 1)) {
            printf("%c+", c);
        }

        close(fd);
    } else {
        if ((fd = open(argv[1], O_WRONLY | O_CREAT | O_TRUNC, 0644)) == -1) {
            printf("Datei %s kann nicht zum Schreiben geoeffnet werden.\n", argv[1]);
        }

        write(fd, "Hallo Welt!", 12);
        close(fd);
    }
}
```

6.

```
#include <sys/types.h>
#include <unistd.h>
#include <sys/wait.h>
#include <stdio.h>
#include <stdlib.h>

int main(int argc, char* argv[]) {
  int pid, status;

  if (fork() > 0) {
        pid = wait(&status);

        if (status == 0) {
            printf("Befehl %s erfolgreich ausgefuehrt. Prozess-ID: %d\n", argv[1], pid);
            exit(0);
        } else {
            printf("Befehl %s fehlgeschlagen. Prozess-ID: %d\n", argv[1], pid);
            if (fork() > 0) {
                pid = wait(&status);

                if (status == 0) {
                    printf("Befehl %s erfolgreich ausgefuehrt. Prozess-ID: %d\n", argv[2], pid);
                    exit(0);
```

```
                } else {
                    printf("Befehl %s fehlgeschlagen. Prozess-ID: %d\n", argv[2],
        pid);
                    exit(-1);
                }

            } else {
                if (execlp(argv[2], argv[2], NULL) == -1) {
                    exit(-1);
                }
            }
        }
    } else {
        if (execlp(argv[1], argv[1], NULL) == -1) {
            exit(-1);
        }
    }
}
```

7.

```
Kindprozess in Ausfuehrung.
<Datenausgabe>
Elternprozess in Ausfuehrung.
Gemeinsamkeiten.
```

8.

```
Wert = 24
Wert = 5
Wert = 21
```

9.

```
Wert = 8
```

12.

```
#include <unistd.h>
#include <stdlib.h>
#include <fcntl.h>

int main(int argc, char *argv[]) {
  int fd;
  fd = open(argv[1], O_RDONLY);
  if (fd == -1) {
    write(1, "Datei kann nicht geoeffnet werden", 15);
    exit(1);
  }

  char c;
  fork();
  while(read(fd, &c, 1)) {
    write(1, &c, 1);
  }

  return 0;
}
```

Mögliche Ausgabe:

```
aaaabbbb
```

Die Buchstabenfolge wird einmal ausgegeben.

Wenn das Programm den Kindprozess startet, bevor die Datei geöffnet wird, lautet eine mögliche Ausgabe:

```
aaaabbbbaaaabbbb
```

wobei die Buchstabenfolge zweimal angezeigt wird.

13.

```c
#include <unistd.h>
#include <stdlib.h>
#include <fcntl.h>

int main(int argc, char *argv[]) {
  char c;
  pid_t child;
  while(read(0, &c, 1)) {
    if (c == '\n') {
      child = fork();
      if (child == 0) {
        execlp("echo", "echo", "Eine Zeile wurde verarbeitet", NULL);
      } else {
        wait(NULL);
      }
    }
  }
  return 0;
}
```

14.

```c
#include <unistd.h>
#include <stdlib.h>

int main(int argc, char *argv[]) {
  pid_t child;
  while(1) {
    sleep(30);
    child = fork();
    if (child == 0) {
      execlp("who", "who", "-u", NULL);
    }
  }
  return 0;
}
```

Texteditoren: vi, Vim und Nano

B

ÜBERBLICK

B.1. Der Editor vi

Es gibt viele Möglichkeiten, eine Datei unter Unix zu bearbeiten. Am häufigsten wird dazu der Texteditor `vi` verwendet. `vi` ist ein bildschirmorientierter Texteditor und wird meistens mit der folgenden Befehlszeile gestartet:

`vi` **dateiname**

wobei *dateiname* der Name der Datei ist, die geöffnet werden soll. Wenn die Datei nicht vorhanden ist, wird sie erstellt.

`vi` ist ein modaler Editor, das heißt, er arbeitet je nach Modus unterschiedlich. Es gibt zwei Hauptmodi:

- Einfügemodus (auch als Eingabemodus bezeichnet): wird verwendet, um Text in die Datei einzufügen. `vi` speichert alle Änderungen in einem temporären Puffer und bietet keine automatische Speicherung.
- Befehlsmodus (auch als normaler oder offener Modus bezeichnet): Wenn der `vi` gestartet wird, befindet er sich normalerweise im Befehlsmodus. In diesem Modus werden alle Eingaben als Befehl interpretiert.

Häufig verwendete `vi`-Befehle:

- Befehlsmodus aufrufen

ESC	Wechselt in den Befehlsmodus

- Cursor-Bewegung

`h` (oder linke Pfeiltaste)	Bewegt den Cursor eine Position nach links
`j` (oder Pfeiltaste nach unten)	Bewegt den Cursor eine Position nach unten
`k` (oder Pfeiltaste nach oben)	Bewegt den Cursor eine Position nach oben
`l` (oder rechte Pfeiltaste)	Bewegt den Cursor eine Position nach rechts
Eingabe	Springt an den Anfang der nächsten Zeile
`b`	Springt zum ersten Zeichen des vorherigen Wortes (stoppt bei Satzzeichen)
`B`	Springt zum ersten Zeichen des vorherigen Wortes (ignoriert Satzzeichen)
`e`	Springt zum letzten Zeichen des Wortes
`w`	Springt zum ersten Zeichen des nächsten Wortes (stoppt bei Satzzeichen)
`W`	Springt zum ersten Zeichen des nächsten Wortes (ignoriert Satzzeichen)

`0`	Springt zum Anfang der Zeile
`^`	Springt zum ersten Nicht-Whitespace-Zeichen der Zeile
`$`	Springt zum Ende der Zeile
n`G`	Springt in die Zeile *n* der Datei; wird die Angabe von *n* weggelassen, dann in die letzte Zeile
STRG + `b`	Springt eine Bildschirmseite nach oben (Richtung Anfang der Datei)
STRG + `f`	Springt eine Bildschirmseite nach unten (Richtung Ende der Datei)
STRG + `u`	Springt die halbe Bildschirmseite nach oben
STRG + `d`	Springt die halbe Bildschirmseite nach unten

- Text einfügen

Hinweis: Alle Einfügebefehle ändern den Zustand des Editors vom Befehlsmodus in den Einfügemodus.

`i`	Fügt vor dem Cursor ein
`a`	Fügt nach dem Cursor ein
`I`	Fügt am Anfang der Zeile ein
`A`	Fügt am Ende der Zeile ein
`o`	Startet neue Zeile nach der aktuellen Zeile
`O`	Startet neue Zeile vor der aktuellen Zeile

- Text löschen

> **Hinweis: Alle Löschbefehle können mit einer Zahl verwendet werden, die angibt, wie oft der Befehl ausgeführt werden soll. Zum Beispiel: `3x`, `5dd` usw.**

`x`	Löscht das Zeichen unter dem Cursor
`dd`	Löscht aktuelle Zeile
`dw`	Löscht ab der Position des Cursors bis zum Ende des Wortes
`d^`	Löscht alle Zeichen vor dem Cursor bis zum ersten Nicht-Whitspace der Zeile
`d$`	Löscht ab der Position des Cursors bis zum
`D`	Ende der Zeile

- Text ändern

Die Befehle `c` und `R` ändern den Zustand des Editors vom Befehlsmodus in den Einfügemodus.

`cc` `S`	Ändert die aktuelle Zeile in die nächste Eingabe
`cw`	Ändert die Zeichen von der Position des Cursors bis zum Ende des Wortes
`c^`	Ändert alle Zeichen vor dem Cursor bis zum ersten Nicht-Whitespace-Zeichen der Zeile
`c$`	Ändert die Zeichen von der Position des
`C`	Cursors bis zum Ende der Zeile
`r`	Ersetzt das Zeichen unter dem Cursor
`R`	Ersetzt mehrere Zeichen unter dem Cursor
`u`	Macht die letzte Änderung rückgängig
`U`	Macht alle Änderungen in der Zeile rückgängig

> **Hinweis: Alle Änderungsbefehle können mit einer Zahl verwendet werden, die angibt, wie oft der Befehl ausgeführt werden soll. Zum Beispiel: `5cc`, `c3w` usw.**

- Text suchen und ersetzen

/wort	Sucht vorwärts (nach unten) nach *wort* (von der aktuellen Zeile zum Ende der Datei)
?**wort**	Sucht rückwärts (nach oben) nach *wort* (von der aktuellen Zeile zum Anfang der Datei)
n	Setzt die Suche in die gleiche Richtung fort
N	Setzt die Suche in die umgekehrte Richtung fort
:**1**,$s/**altes_wort**/**neues_wort**/g	Ersetzt alle Vorkommen von *altes_wort* im Text (von der ersten bis zur letzten Zeile) durch *neues_wort*. Anstelle von 1 und $ können auch Zeilennummern verwendet werden. Wenn g weggelassen wird, wird nur das erste Vorkommen von *altes_wort* ersetzt.

- Text verschieben

dw + p	Verschiebt ein Wort
dd + p	Verschiebt eine Zeile

Hinweis: p (das den Text nach dem Cursor einfügt) kann durch P (das den Text vor dem Cursor einfügt) ersetzt werden. Der Löschbefehl kann mit einer Zahl verwendet werden, die angibt, wie oft der Befehl ausgeführt werden soll, z. B.: 5dd, gefolgt von p bzw. P (fünf Zeilen verschieben).

- Text kopieren

yw + p	Kopiert ein Wort
yy + p	Kopiert eine Zeile

Hinweis: Auch hier kann p durch P ersetzt werden. Der y-Befehl kann mit einer Zahl verwendet werden, die angibt, wie oft der Befehl ausgeführt werden soll, z. B.: y3w, gefolgt von p bzw. P (drei Wörter kopieren).

- Doppelpunkt-Befehl eingeben

:	Eingabe eines Befehls mit Doppelpunkt (wenn im Befehlsmodus); wird oft als Befehlszeilenmodus bezeichnet

- Speichern und Beenden

`:w`	Speichert (schreibt) alle Änderungen in die Datei
`:q`	Beendet `vi` (wenn keine Änderungen vorgenommen wurden)
`:q!`	Beendet, ohne die Änderungen zu speichern
`:wq` `ZZ`	Speichert die Änderungen und beendet `vi`
`:x`	Wenn es Änderungen gibt, speichert und beendet es `vi`, andernfalls beendet `vi` es bloß
`:w` **datei**	Speichert Änderungen in *datei*
`:e` **neue_datei**	Startet die Bearbeitung von *neue_datei*
`:e!` **neue_datei**	Startet die Bearbeitung von *neue_datei*, wobei alle Änderungen an der aktuellen Datei verworfen werden
`:r` **datei**	Liest *datei* und fügt nach der aktuellen Zeile ein

B.2. Der Editor `Vim`

Der `vi` ist ein Standard-Editor mit einer Vielzahl von Implementierungen. Der Editor `Vim` ist einer der beliebtesten aufwärtskompatiblen Texteditoren zum `vi`. Im Gegensatz zu `vi` muss `Vim` installiert werden, bevor er verwendet werden kann. Seine Installation ist abhängig von der verwendeten Linux-Distribution.

Der `Vim`-Editor kann zum Bearbeiten von einfachem Text verwendet werden und ist besonders nützlich für die Bearbeitung von Programmen. Er bietet viele Verbesserungen im Vergleich zum `vi`, wie z. B. mehrstufiges Rückgängigmachen, Befehlszeilenbearbeitung und Syntaxhervorhebung.

B.3. Der Editor `nano`

`nano` ist ein weiterer Texteditor. Er bietet Funktionen wie interaktives Suchen/Ersetzen, Gehe zu Zeilen-/Spaltennummer, automatische Einrückung. `nano` gehört nicht bei jeder Distribution zur Standardinstallation, weshalb manchmal eine zusätzliche Installation erforderlich ist. Das Öffnen und Erstellen von Dateien erfolgt durch Ausführen der folgenden Befehlszeile:

`nano` **datei_name**

Wenn *datei_name* existiert, wird die Datei geöffnet, andernfalls wird sie erstellt. `nano` ist ein modusloser Texteditor, d. h., nach dem Öffnen einer Datei kann sofort Text eingegeben werden. Die letzten beiden Zeilen, die in `nano` angezeigt werden, enthalten eine Liste mit Tastenkombinationen. Die STRG-Taste wird als `^` und die Meta-Taste als `M` angezeigt. Wenn die Meta-Taste auf der Tastatur fehlt, kann ihre Funktionalität durch andere Tasten wie die Alt-Taste, die Windows-Taste oder benutzerkonfigurierte Tasten aufgerufen werden.

Häufig verwendete Tastenkürzel:

STRG + O	Speichert die Datei
STRG + X	Schließt die Datei. Wenn die Datei geändert wurde, fragt `nano`, ob sie gespeichert werden soll. Durch Drücken der Tasten `Y` bzw. `N` wird die Datei gespeichert bzw. nicht gespeichert. Danach fragt `nano` nach einem Dateinamen. Nach Eingabe des Dateinamens sollte die Eingabetaste gedrückt werden.
STRG + K	Schneidet eine einzelne Zeile aus; mehrmaliges Wiederholen des Tastaturkürzels schneidet mehrere Zeilen aus
Meta + Umschalt + 6	Kopiert eine einzelne Zeile; mehrmaliges Wiederholen des Tastaturkürzels kopiert mehrere Zeilen
STRG + U	Fügt die ausgeschnittene(n) Zeile(n) ein; ausgeschnittener Text kann mehrfach eingefügt werden
STRG + Umschalt + 6	Startet die Textauswahl. Durch Bewegen des Cursors wird der ausgewählte Text hervorgehoben. Der ausgewählte Text kann mit STRG + K ausgeschnitten werden. Die Auswahl kann durch erneutes Drücken von STRG + Umschalt + 6 aufgehoben werden.
STRG + W	Sucht nach einem String; durch erneutes Drücken der gleichen Tastenkombination wird nach dem gleichen oder einem anderen String gesucht
STRG + Umschalt + _	Geht zur Zeilen- und Spaltennummer

Pearson

Fernverbindung zu Unix-Systemen über SSH

C

ÜBERBLICK

Secure Shell (SSH) ist ein Netzwerkprotokoll, das einen sicheren Zugriff auf entfernte Computer über ein ungesichertes Netzwerk ermöglicht. Benutzer können mit SSH auf dem entfernten System Befehle ausführen, als säßen sie direkt davor und hätten eine Terminalsitzung geöffnet. SSH bietet auch die Möglichkeit, Dateien zwischen entfernten Systemen zu übertragen. Um auf den entfernten Computer zugreifen zu können, sollte dieser so konfiguriert sein, dass er SSH-Verbindungen akzeptiert. In diesem Anhang wird nur besprochen, wie man sich mit einem Remote-Desktop verbindet, der SSH-Verbindungen akzeptiert.

C.1. Verwendung von Linux und Mac

Unter Linux und auf dem Mac kann vom Terminal aus via SSH eine sichere Verbindung zu einem entfernten Computer hergestellt werden. Dieser SSH-Verbindungsaufbau kann durch Ausführen der folgenden Befehlszeile erfolgen:

`ssh` **username@hostname**

wobei *username* der Name ist, der für die Anmeldung auf dem entfernten System verwendet wird. Der Parameter *hostname* ist der Name oder die IP-Adresse des entfernten Systems.

Beim ersten Anmeldeversuch am entfernten System wird der Benutzer zur Verbindungsbestätigung aufgefordert. Die Verbindung kann durch Eingabe von `yes` hergestellt werden. Nach der Anmeldung kann jeder Befehl auf dem entfernten System ausgeführt werden.

Dateien können mit dem Befehl `scp` (*Secure Copy*, sicheres Kopieren) über eine SSH-Verbindung zwischen entfernten Systemen kopiert werden. Secure Copy kopiert Dateien zwischen entfernten Computern im Netzwerk. Der Befehl `scp` verwendet SSH für die Datenübertragung, Authentifizierung und Sicherheit. Es gibt zwei Möglichkeiten, eine Datei zu übertragen:

- Herunterladen – Kopieren einer Datei von einem entfernten Computer auf den lokalen Computer über die folgende Befehlszeile:

`scp` **user@remote_host:entfernter_dateipfad lokaler_dateipfad**

In diesem Fall wird die Datei *entfernter_dateipfad* in eine Datei *lokaler_dateipfad* kopiert.

- Hochladen – Kopieren einer Datei vom lokalen Computer auf einen Remote-Computer über die folgende Befehlszeile:

`scp` **lokaler_dateipfad user@remote_host:entfernter_dateipfad**

In diesem Fall wird die Datei *lokaler_dateipfad* in eine Datei *entfernter_dateipfad* kopiert.

remote_host ist das entfernte System, *user* ist ein Benutzer auf der entfernten Maschine und *entfernter_dateipfad* bzw. *lokaler_dateipfad* sind die Pfade zur entfernten bzw. lokalen Datei.

C.2. Verwendung von Windows

Unter Windows kann ein PuTTY-Programm heruntergeladen und ausgeführt werden, um eine Verbindung zum entfernten System über SSH herzustellen. In der Anwendung sollte der Hostname oder die IP-Adresse in das Eingabefeld *Host Name* eingegeben werden. Außerdem sollte der SSH-Port in das Eingabefeld *Port* eingegeben werden. Stellen Sie sicher, dass der Verbindungstyp auf SSH eingestellt ist. Klicken Sie auf die Schaltfläche *Open*, um die Verbindung zu starten.

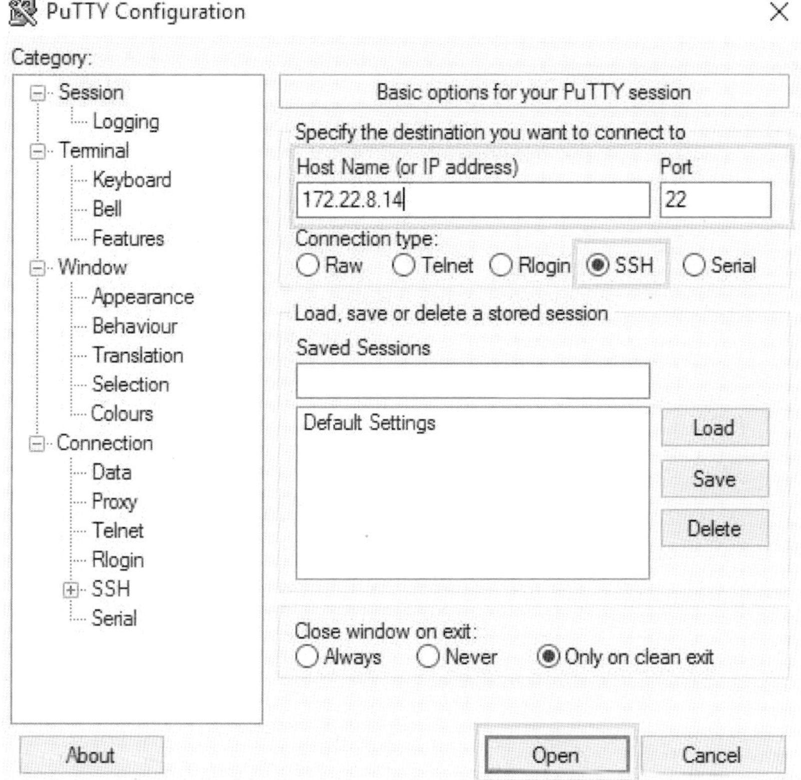

Diese Parameter können gespeichert werden, indem Sie einen beliebigen Namen in das Eingabefeld *Saved Sessions* eingeben und auf die Schaltfläche *Save* klicken. Für das Speichern verschiedener Remote-Server können eindeutige Namen verwendet werden.

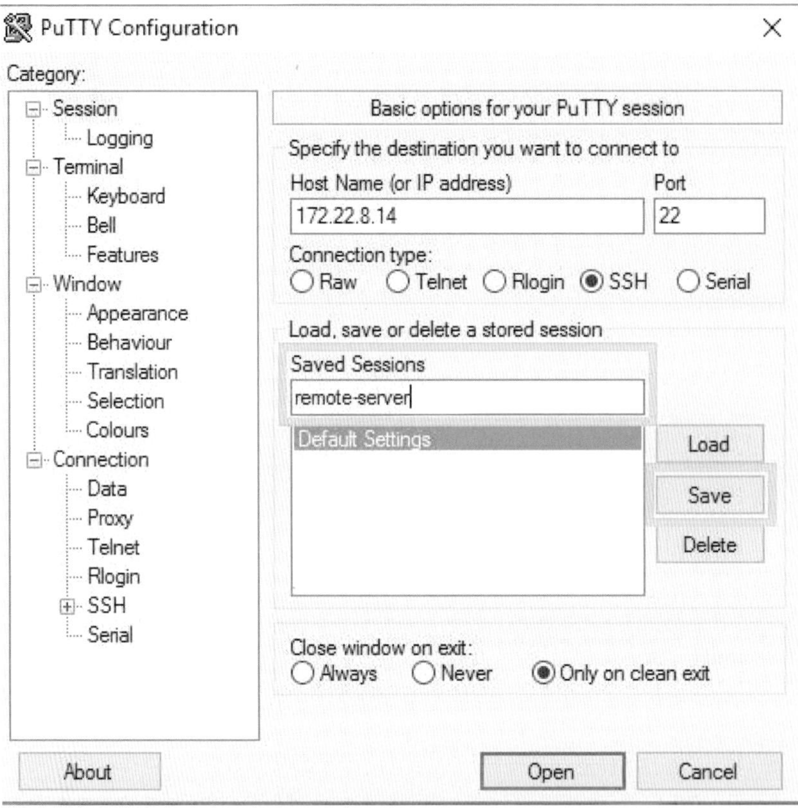

Bei jedem Start der Anwendung können die gespeicherten Parameter geladen werden, indem Sie den entsprechenden Namen in der Liste *Saved Sessions* auswählen und dann auf die Schaltfläche *Load* klicken oder einfach auf den Namen doppelklicken.

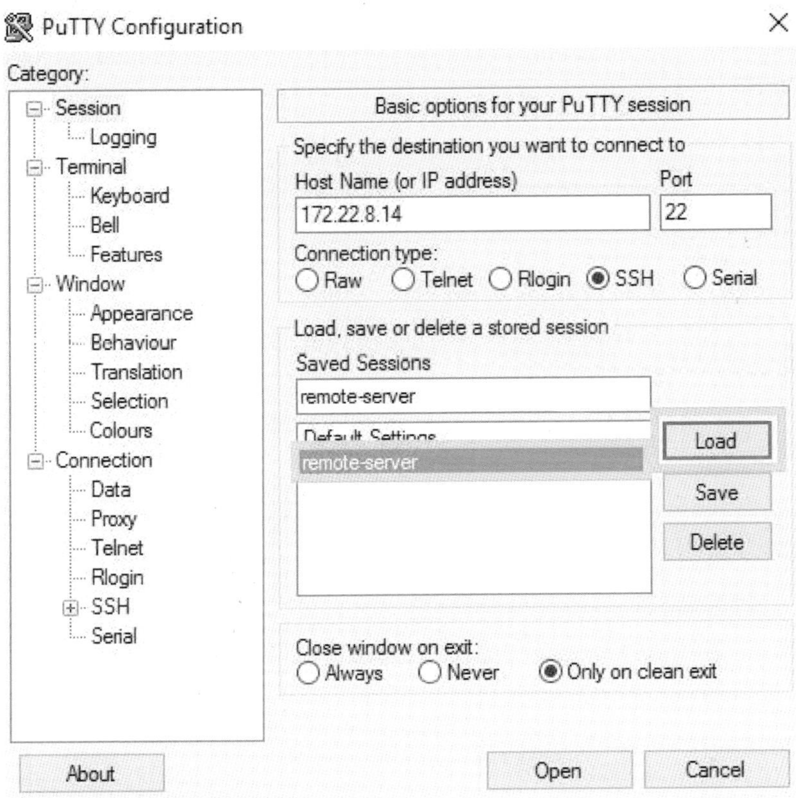

Bei der ersten Anmeldung am entfernten Computer erscheint eine Warnmeldung.

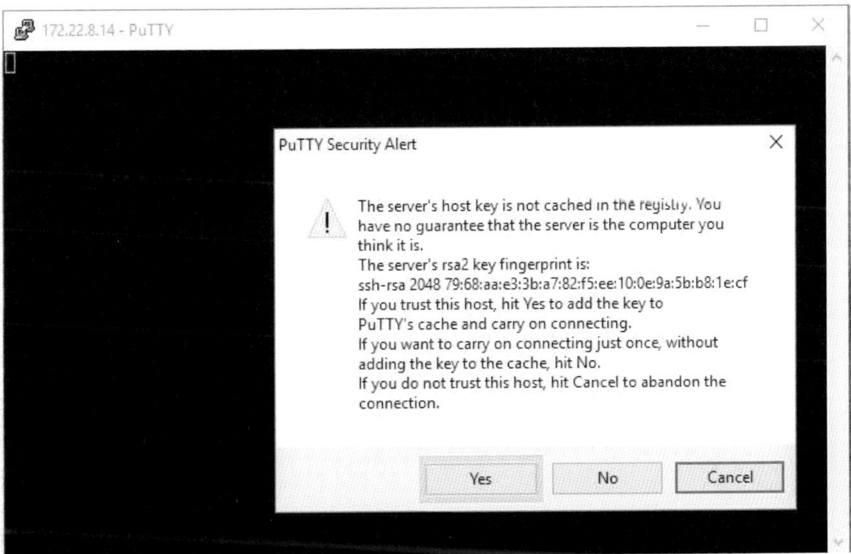

Nach der Bestätigung der Meldung fragt das Terminal den Benutzernamen und das Passwort des Benutzers ab. Nach der Anmeldung kann jeder Befehl auf dem entfernten System ausgeführt werden.

Die SSH-Verbindung kann mit dem Befehl `exit` beendet werden.

Ein häufig verwendetes Tool zur Übertragung von Dateien zwischen Windows- und Linux-Systemen ist das Programm WinSCP. Um sich mit einem Linux-System zu verbinden, benötigt das Programm den Hostnamen oder die IP des Servers, mit dem es sich verbinden will, sowie Protokoll, Portnummer, Benutzername und Passwort. Wenn der Benutzername und das Passwort nicht im Anmeldefenster angegeben werden, fragt die Anwendung später danach, bevor eine Verbindung hergestellt wird. Ein häufig verwendetes Protokoll ist SFTP (SSH File Transfer oder Secure File Transfer), das über das SSH-Protokoll läuft.

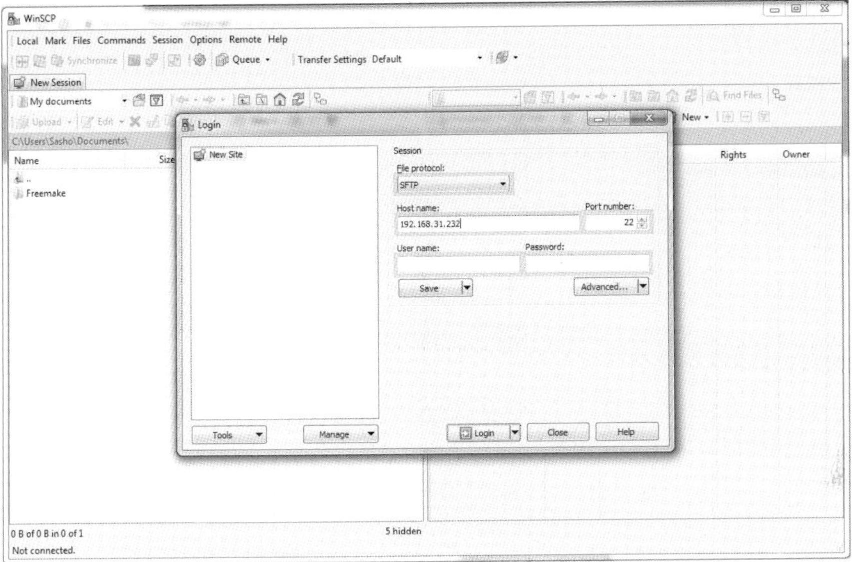

Ähnlich wie bei PuTTY fragt das Programm bei der ersten Anmeldung an einem entfernten System nach einer Bestätigung.

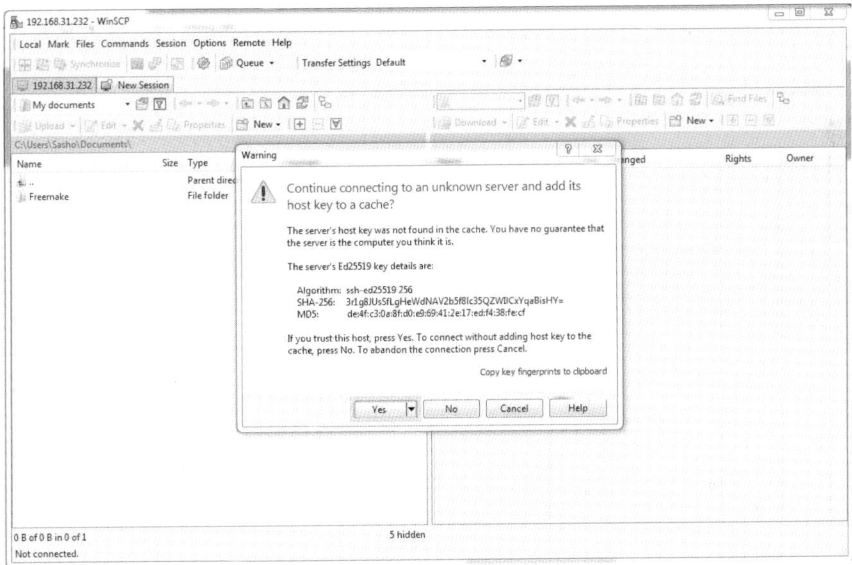

WinSCP erlaubt ebenfalls, Verbindungseinstellungen zu speichern und bei Bedarf später wieder zu verwenden.

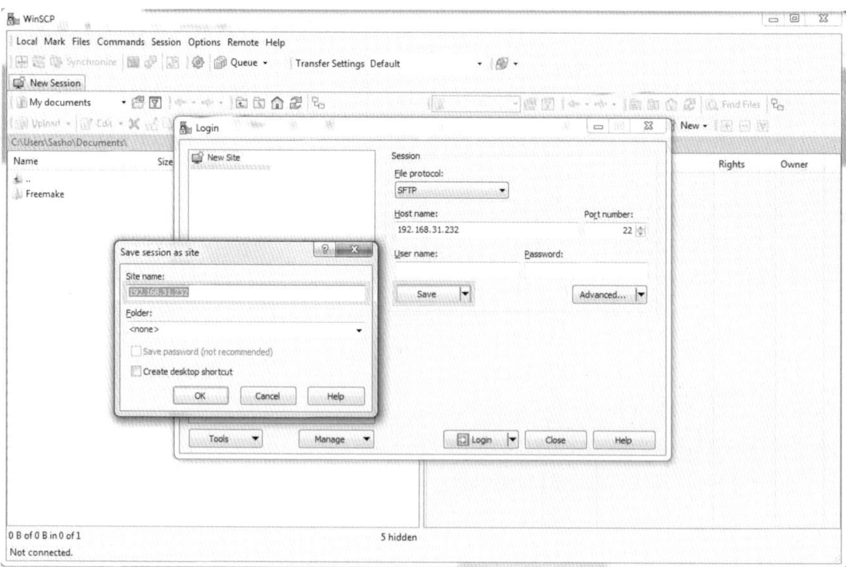

Das Programm verfügt über zwei Arten von Benutzeroberflächen bei der Verbindung mit einem entfernten System – »Commander« und »Explorer«. Die Auswahl der Benutzeroberfläche ist Teil der Installation von WinSCP, sie kann aber auch später geändert werden. Die Standard-Benutzeroberfläche ist der »Commander«. Es handelt sich dabei um ein zweigeteiltes Dateimanager-Fenster, bei dem der linke Bereich einen lokalen Ordner und der rechte Bereich einen entfernten Ordner anzeigt. Der Benutzer kann Ordner auf beiden Systemen durchsuchen und Dateien per Drag-and-Drop zwischen ihnen übertragen.

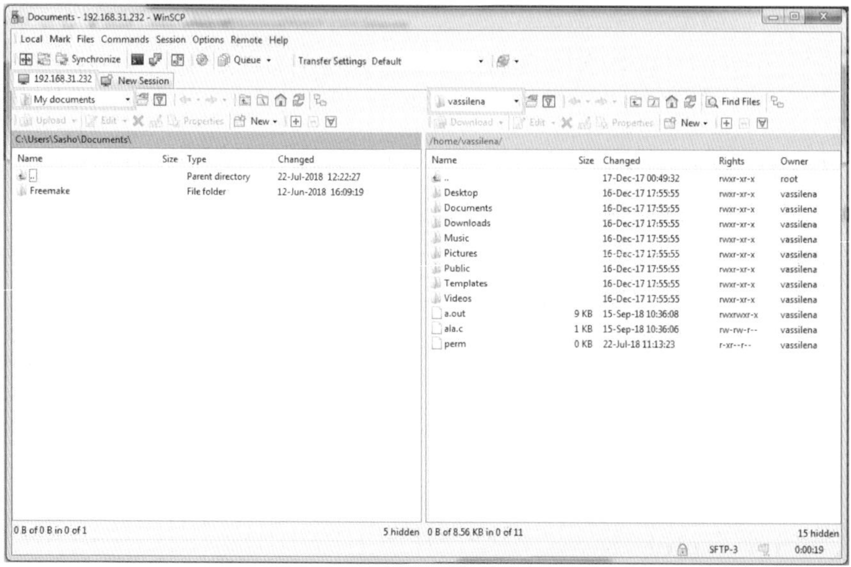

Literatur

[1] David MacKenzie et al. *GNU Coreutils*. Version 8.31. Free Software Foundation, Inc., 10. März 2019. Kap. String expressions. URL: `https://www.gnu.org/software/coreutils/manual/html_node/String-expressions.html` (besucht am 14. 01. 2020).

[2] Tim Bower. *Shell Metacharacters*. 2015. URL: `http://faculty.salina.k-state.edu/tim/unix_sg/shell/metachar.html` (besucht am 11. 11. 2018).

[3] Chet Ramey und Brian Fox. *Bash Reference Manual*. Version 5. Free Software Foundation, Inc., 12. Mai 2019. URL: `https://www.gnu.org/software/bash/manual/bash.html` (besucht am 14. 01. 2020).

[4] Paul Cobbaut. *Linux Fundamentals*. 24. Mai 2015, S. 136–137, 235. URL: `http://linux-training.be/linuxfun.pdf` (besucht am 11. 11. 2018).

[5] Machtelt Garrel. *Introduction to Linux*. 12. Mai 2010. URL: `https://tldp.org/LDP/intro-linux/html/index.html` (besucht am 16. 02. 2020).

[6] Mark Mitchell und Jeffrey Oldham und Alex Samuel. *Advanced Linux Programming*. New Riders Publishing, 2001, S. 49.

[7] Michael Kerrisk. *The Linux Programming Interface: A Linux and UNIX System Programming Handbook*. No Starch Press, 2010, S. 4, 83.

[8] Robert Love. *Linux Kernel Development*. 3. Aufl. Addison-Wesley Professional, 2010, S. 4, 23–41.

[9] Alain Magloire. *GNU Grep: Print lines matching a pattern*. 1. Jan. 2017. URL: `https://www.gnu.org/software/grep/manual/grep.pdf` (besucht am 18. 11. 2018).

[10] Arnold Robbins und Nelson H. F. Beebe. *Classic Shell Scripting*. O'Reilly Media, Inc., 2005, S. 131–132, 455–459, 135–136, 159–161, 392–393.

[11] Avi Silberschatz und Peter Baer Galvin und Greg Gagne. *Operating System Concepts*. 10. Aufl. John Wiley & Sons, Inc., 2018. Kap. BSD UNIX, S. 5.

[12] Sandra Loosemore und Richard M. Stallman und Roland McGrath und Andrew Oram und Ulrich Drepper. *The GNU C Library Reference Manual*. Version 2.30. Free Software Foundation, Inc., 1. Aug. 2019. URL: `https://www.gnu.org/software/libc/manual/pdf/libc.pdf` (besucht am 21. 01. 2020).

[13] Clif Flynt und Sarath Lakshman und Shantanu Tushar. *Linux Shell Scripting Cookbook*. 3. Aufl. Packt Publishing, 2017, S. 70–76, 15–16, 19, 47, 57, 131–136.

[14] William Shotts. *The Linux Command Line, 4. Internetauflage*. 19. Okt. 2017. URL: `http://linuxcommand.org/tlcl.php` (besucht am 11. 11. 2018).

[15] W. Richard Stevens und Stephen A. Rago. *Advanced Programming in the UNIX Environment*. 3. Aufl. Addison-Wesley Professional, 2013, S. 8, 61–74, 14–15, 249–251, 198–199.

INFORMATIK

Andrew S. Tanenbaum
Herbert Bos

Moderne Betriebssysteme
4., aktualisierte Auflage
ISBN 978-3-86894-270-5
69.95 EUR [D], 69.95 EUR [A], 81.40 sFr*
1296 Seiten

*unverbindliche Preisempfehlung

Moderne Betriebssysteme

BESONDERHEITEN

Auch in dieser komplett überarbeiteten Neuauflage des preisgekrönten Lehrbuchs stellen die Autoren wie gewohnt auf unterhaltsame Art und Weise alle Konzepte rund um das Thema Betriebssysteme vor, die man benötigt, um moderne Betriebssysteme z verstehen und zu entwickeln. Dabei wurden den neuesten Entwicklungen der Betriebs systeme sowie der zugrunde liegenden Hardware Rechnung getragen.

EXTRAS ONLINE

Auf der Companion Website zum Buch unter www.pearson.de

Für Dozierende:

- Alle Abbildungen aus dem Buch

Für Studierende:

- Lösungshinweise zu den Aufgaben aus dem Buch

http://www.pearson.de/427

Jetzt einloggen
& besser lernen.

Lernen wo und wann immer Sie wollen

Prüfungen effizient vorbereiten

Komplexe Inhalte leichter verstehen

mehr als

11 Mio.

Studenten weltweit

lernen besser mit Pearson MyLab

Wecken Sie das Potenzial, das in Ihnen steckt!

Mehr als 11 Millionen Studenten weltweit lernen schon heute besser mit Pearson MyLab. Warum nicht auch Sie? Loggen Sie sich doch gleich ein und nutzen Sie alle Vorteile Ihres Labs!

Sie haben sich noch nicht registriert? Infos zur kostenfreien Registrierung finden Sie vorne in diesem Buch!